自助遊一本就GO！

麗江 深度遊

最強地圖導航書

編著 愛旅遊編輯部

序言

　　麗江是一個什麼樣的地方呢？有人說它是個古鎮，有人說它代表著「豔遇」，有人想起雪山，有人則沉思許久也答不上話，這些年來，在各種「人太多、商業化嚴重」的聲浪中，在被紛亂的腳步踩踏過後，在熙攘的繁華之後，位在西南邊陲的麗江依舊靜靜矗立，保持著自然景觀。

　　麗江之美，緣於古鎮上古樸的民居。水漉漉狹窄的石板路，掩映在綠蔭間的白牆青瓦，昂向天際的飛簷翹角，依山傍水，拙中藏巧，襯托在藍天白雲下，飽經滄桑、歷經無數風雨洗禮後，依然樸實自然。

　　麗江之美，緣於人們心中那座聖潔的雪山。玉龍雪山，這座納西族人心中的神山，有著多變的風姿，有時在雲霧蒸騰中若隱若現，有時在碧空映襯下晶瑩耀眼，變化萬千，美麗多姿。

　　麗江之美，緣於那灣神祕的女兒湖。坐著豬槽船蕩漾在瀘沽湖的碧波上，聆聽著飄渺在水天間的摩梭民歌，感受著與世無爭的古樸，人生之美莫過於此。

　　麗江之美，緣於多彩多姿的東巴風情。各種文化在此交融後迸發出獨特的光芒，使這裡散發出不可言傳的神奇魅力。無論是納西族古老的東巴文，還是摩梭人的母系家庭模式，都透露出麗江那點小小的個性。

　　去看一看真正的麗江吧！在清晨微醺的晨光中走在古舊的石板路上，在寂靜的小巷深處邂逅一位純樸的納西老人，去郊外找片開滿鮮花的草地躺著看天，去尚未被開發的古村落體會真正的麗江，運氣好的話，跟著當地人去鄉下吃一頓殺豬菜，這樣，才不枉來一趟麗江。

備註說明：書中所列各項票價、開放時間、交通路線等資訊，會隨物價及季節而略有波動，詳細資料以景點官網及相關旅遊網站最新公告為準。

如何使用本書？

網友推薦
精選背包客棧、旅遊網站上的網友們，對景區做出的評價和推薦，讓讀者對景區有一個初步的認識，確定旅遊目的地。

景區
精選麗江 30 個最熱門的目的地，囊括麗江的旅遊精華。

黑龍潭
玉龍雪山倒影最佳拍攝地

網友推薦

★ 4040248　黑龍潭內的五孔橋很美，文亭在湖中央，還有其他的景點，都很漂亮。在這裡還可以拍到美麗的雪山、潭水和綠樹藍天。

★ Grace961020　第一次去黑龍潭因為天氣不好，什麼都沒看到，這一次天公作美，親眼目睹雪山的水中倒影、藍天白雲以及黃色的樹，真是美極了！

門票和開放時間
門票：免費，但需要出示古城維護費收據。
開放時間：7：00 ～ 19：00。

進入景區交通
位置：麗江古城北端象山腳下。
交通：在古城內沿四方街徒步 15 分鐘即可到達，或自大水車入口沿新大街直走即到。若在古城附近搭計程車，不用跳錶就能到達。

黑龍潭又叫玉泉公園，位於麗江古城北端象山麓，兩股泉水從象山腳下的古栗樹下湧出，匯成面積近 4 萬平方公尺的水潭，泉水清澈透澈，景色幽雅。潭畔花草樹木繁茂，樓臺亭閣點綴其間，風景秀麗。相傳在很久以前，有 10 條較繼常於人間作惡，呂洞賓收服其中的 9 條，鎮壓在市郊拓東古輞（即古塔）下，留下 1 條小黑龍在這裡，要其為民謀利，黑龍潭便由此而得名。

黑龍潭水質清如翠玉，水冬暖夏涼，養人肌膚，每逢嚴冬零下天氣，滿潭飄浮著白霧似的水蒸氣，展現出一幅如仙境般的美景。在大門的正面高懸「玉泉公園」四個字，筆法蒼勁有力，氣韻非凡，為著名畫家吳作人先生所書；門左右兩側各有一尊雄壯的石獅子，為雕刻狀，顯得威武雄健。

進入公園門，沿左側五彩石鋪就的小道緩緩行進，約數百公尺處，便可看到一座長 10 多公尺的鎖橋，即「鎖翠橋」，橋下有 3 條小瀑布，翠液飛送，故取名「鎖翠」。站在「鎖翠橋」上向北望去，遠處巍峨玉塑的玉龍雪山懸浮在一片白雲上，近處泉水清澈，玉泉如一面碩大的明鏡，藍天、白雲、雪峰、古樹，全都倒映在其中，景色迷人。

1. 在公園中的玉帶橋上，只要在岸邊蹼腳、用力拍手或大聲說話，就能看到有氣泡冒冒冒出水面。
2. 黑龍潭泉水清澈見底，而且冬暖夏涼，有護膚功效，據稱飲用這裡的泉水有隔寒暖氣，調節腸胃的功能。
3. 此處也是東巴文化研究所的所在地，研究所陳列了 2 萬多冊珍貴的東巴經和古文物，記錄納西族東巴文化的發展變遷。
4. 沒有古城維護費憑據的話，可以在 7 點前或 19 點後進入，此時便無人看守。

♪ 52　　53 ♪

基本資訊
內容包含門票價格、景區開放時間、最佳旅遊季節、進入景區的各種交通方式等實用資訊，有助讀者準備行程。

景區概述
用簡潔、精練的語言介紹整個景區的大致情況，讓讀者對景區有一個整體認識。

子景點

景區重要景點詳細介紹，並配有好玩攻略、
旅遊 Tips、相關故事等豐富的資訊。

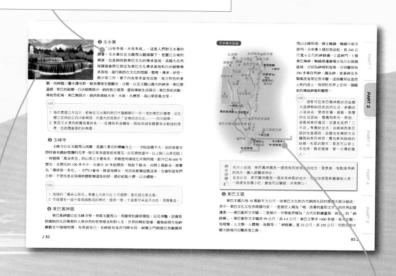

圖片

選取景區的代表性圖片，圖文結合，
使版面更加美觀，並對景區有更加真
實、直接的認識，閱讀更輕鬆。

景區示意圖

詳細標示景區的出入
口、遊覽路線、景點
分布、景區配套設施
等，極具參考價值，
大部分為手工繪製，
尺寸大張，好讀好懂
又不傷眼。

攻略

豐富、實用的景區
資訊，包含住宿、
美食、購物、娛樂、
景區內部交通、旅
遊注意事項等，囊
括各個方面。

行程推薦

為讀者推薦合理、
實用的景區遊覽路
線和規畫，使整趟
旅遊行程更加充實，
並且多變化。

contents
目錄

掃描 麗江

PART 1
麗江古城

示意圖目錄

掃描
麗江

大研古鎮

歷史煙波中的麗江古城

　　麗江古城始建於宋末元初（西元 13 世紀後期），至今已有八百多年的歷史，古城地處滇、川、藏交通要道，古時頻繁的商旅活動，促使當地人丁興旺，商市繁華，成為遠近聞名的重鎮。明末徐霞客的《滇遊日記》曾寫麗江古鎮「居廬駢集，縈城帶谷」、「民房群落，瓦屋櫛比」，可見當時麗江古鎮的發達程度。

　　麗江古城在明朝曾稱大研廂，清朝時曾稱大研里，民國以後改稱為大研鎮，是一座沒有城牆的古城，城內木樓青瓦，古街石巷，小橋流水，站在古城東大街上，舉頭即可遙望玉龍雪山，而站在古城最高點萬古樓，便可俯瞰整座古城，灰色民居星羅棋布，氣勢恢宏。

一米陽光

有關愛情的美麗傳說

　　「一米[註]陽光」是麗江一個關於愛情的美好傳說。相傳,古時玉龍雪山終年雲霧繚繞,即使在最晴朗的天氣,陽光也很難穿透雲層照到山腳。但每年秋分,神靈會在那天賜予人間最完美的愛情陽光。如果那天玉龍雪山雲開霧散,陽光就會鋪滿山谷,每個被陽光撫摩到的人都會得到最美、最聖潔的愛情。但是,善妒的山神在那天從不開放自己的胸懷,總是有霧有雨,所以世上很難出現完美的愛情。

　　在玉龍和哈巴雪山交界,最陡峭的岩壁中有一處山洞,裡面居住的是殉情而死的風之女,她痛恨山神刁難人世間的男女,所以會在秋分的正午時分,趁山神打盹時,偷偷將萬丈愛情陽光剪下最絢麗的一公尺長度,藏在山洞中,山神醒來後很快就會發覺,所以就去追回那一公尺長的陽光,因此這一公尺長的陽光只能在人間停留一個盹的時間就會消失,如果有情侶可以沐浴到這短暫而可貴的陽光下,就可以得到永久的愛情。

　　[註]米:長度單位,即公尺,1 米就是 1 公尺。

文藝氣息

翠色山巒掩古城，花溪曲巷歲月增

麗江吸引人的地方就在於濃厚的文藝氣息，這裡沒有大城市喧囂的車水馬龍，沒有望不盡的高樓林立，沒有令人疲憊的俗世紛爭。麗江的藍天很寬廣，雲朵如同白駒在天空奔騰，遠處有巍峨的雪山，古城內有鱗次櫛比的民居，納西族的老人坐在巷子口晒著太陽，麗江的美就在於這種自由的閒適。

每天，悠閒的人們漫步在石板小街，感受著房前屋後的花香四溢，走到街角的文藝咖啡店裡點一杯咖啡，拿一本書，靠在窗邊靜靜的坐一個下午，什麼也不用想，沉醉在街景與書香中，耳畔有音樂聲迴盪，那種寧靜至美的感受讓人覺得平靜，彷彿心靈已經找到一個溫暖的棲息所，可以洗盡纖塵，用心感受時光的美好。

「豔遇」

一場不一樣的風花雪月

麗江有「豔遇之都」的稱呼。不知是因為麗江古城內的小橋流水成就這樣的風情，還是入夜後，酒吧街上慵懶、魅惑的氣質迷醉多情的過客。如果說一千個人心中有一千個哈姆雷特，那麼一萬個遊客心中就會有一萬個麗江。

麗江是喧囂的，你可以徹夜狂歡；麗江是寧靜的，你可以坐在灑滿陽光的院落發呆良久。這座充斥愛與奇遇的風情古城，承載著滿滿的情意與感性，魅惑與張揚，給不同的人留下不同的回憶。不過，無論是藍天白雲，雪山潺流，炊煙人家，還是風情酒吧，閒適街巷，這一切怎能不讓人為它張望，為它痴狂。

至於「豔遇」，只是一個屬於現代社會的噱頭，對於真正熱愛旅遊的朋友，麗江才是最大的「豔遇」，它的藍天白雲，山水如畫，它的灰瓦青牆，歷史風華，都是旅遊者們最美的豔遇。所以，若你有一顆說走就走的旅行心，那就來麗江吧！漫步古城感受閒適光陰裡的一花一木，讓午後的一尺陽光一下子照進心中最柔軟的地方。

來麗江一定要做的 8 件事

1 喝茶晒太陽
2 安靜的在小店讀一本書
3 漫步於清晨六、七點的小巷
4 尋找小店裡一見鍾情的飾物
5 坐一艘船遊拉市海
6 登萬古樓俯瞰古城
7 心無雜念，單純發呆
8 在酒吧裡感受迷離的夜

酒吧夜店

靡靡之音中的自由與豁達

麗江酒吧大體可以分兩類，一類熱烈外露，喧鬧活潑，俗稱鬧吧，以酒吧一條街為代表；一類安靜唯美，特立獨行，以大大小小的火塘吧^註和清吧^註為代表。

麗江的酒吧街白天非常安靜，流水、魚群、楊柳、老街、三三兩兩的行人，完全就是一幅小橋流水人家的寧靜畫面。而當暮色四起，夜幕降臨時，就會變幻出另外一種風景，燈光迷離，織錦燈籠與燭光相輝映，沸騰的音樂和人潮澎湃，十分熱鬧。

麗江的火塘吧與普通酒吧不同，少了許多喧囂吵鬧，多的是一份能帶來溫暖的柔情。酒吧裡設置著簡單的長條木桌，桌上擺著燭臺，燭火掩映，十分具有意蘊，點上一杯啤酒，靜靜聆聽著流浪歌手的低吟淺唱，在閃爍的燈光和迷離的氣氛中，旅客們很容易就會放下心中的煩悶，在歌聲中與啤酒裡，靜靜治癒一段心傷。

註 火塘吧：是麗江酒吧文化中比較獨特的一種，深受文藝青年們的喜歡，主要集中在五一街附近，歌手與客人圍著一塘火，自彈自唱，談天說地，其樂融融。

註 清吧：是以輕音樂為主，整場氣氛較安靜，沒有 DISCO 或者熱舞女郎的那種酒吧，適合談天說地、朋友溝通感情、聊天和吃吃喝喝的地方。

特色客棧

體驗古色古香的民居住宿

　　過去，民間把旅館叫做「客棧」，把住宿叫做「打鋪」。每間客棧的屋簷下都會懸掛一個長方形白紙燈籠，燈籠兩面一般都寫有聯語，最常見的是「未晚先投宿，雞鳴早看天」。入夜，燈火閃亮，旅客遠遠看見，便知來到住宿處，一種歸家的感覺油然而生。

　　麗江在很多人心目中是「身心和靈魂的棲居地」，而麗江客棧是在中國大陸旅遊時一定要體驗的一種特色。在麗江，客棧是很好找的一種住宿地，每一間客棧都有著自己鮮明的特點，庭院、民居、古樹、花房、民族風、文藝風，散發出獨特的韻味，為每一位來訪者帶來不同的感受。所以，麗江客棧還代表一種歸園田居般的生活方式，有詩意，有休閒，有愜意，是一種全新的生活體驗。

納西民居

三坊一照壁中的古典意蘊

　　麗江古城中，擁有大片明清建築特色的古民居，多外為土木結構的「三坊一照壁，四合五天井，走馬轉角樓」式的瓦屋樓房，既講究結構布局，又追求雕繪裝飾，外拙內秀，玲瓏精巧，被中外建築專家譽為「民居博物館」。

　　麗江古城的民居建築是納西族建築藝術和建築風格的展現，在納西族原始的井干式木楞房形式基礎上，吸收並融匯漢、白、藏等民族建築的優點而形成，在布局形式、建築藝術等方面，都有鮮明的地方特色與民族風格。

　　麗江民居大多為土木結構，其中，三坊一照壁是麗江納西民居中最基本、最常見的形式。在結構上，一般正房一坊較高，方向朝南，面對照壁，主要供長輩居住；東西廂略低，給晚輩居住；天井供生活使用，多用磚石鋪成，常以花草美化，形成人與自然和諧共存的畫面。

納西古樂

曲調悠長的「音樂化石」

　　納西古樂素有「音樂化石」的稱呼，結合白沙細樂、洞經音樂、皇經音樂、唐詩宋詞等諸多古老的音樂元素，配合多樣民族樂器演奏，莊重而高雅。

　　納西古樂有三個特點：一是曲目（音樂）古老，二是樂器古老，三是演奏的人老。聽過這種「三老」古樂的人們，不僅會感到納西古樂的古老和文明，而且還能體味到納西族文化的博大精深。有人這樣形容納西古樂：「看 100 歲的老人，用 200 年的樂器，演奏 700 年的樂曲。」

　　來麗江遊玩，一定不要錯過晚上 8 點在大研古樂會演奏的納西古樂，而且最好要是宣科博士親自主持的。臺上表演的幾乎都是七、八十歲的老人，曲目不少源於唐朝和宋朝的詞牌曲，曲目如《浪淘沙》、《一江風》、《水龍吟》、《步步嬌》，都是流傳在麗江民間文人中的古典樂曲，這些樂曲繼承古樂原始的韻味，融合麗江的小調，還有帶些調侃意味的說唱，能充分感受到濃濃的納西風情。

東巴文化

一種悠久而神聖的傳承

　　東巴文化是中國納西族民族文化的重要內容之一，是納西族古代文化，因保存在東巴教中而得名，已有 1000 多年的歷史。主要包括東巴文字、東巴經、東巴繪畫、東巴音樂、東巴舞蹈、東巴法器和各種祭祀儀式等。

　　約 30 萬人口的納西族，在中國 50 多個民族中算不上是一個大族群，但是獨特的東巴文化卻名揚中外，引起世人的興趣和關注，已成為當今前往麗江旅遊探祕的熱門景點。與世界上其他民族的古代文化一樣，東巴文化也是一種宗教文化，即東巴教文化，同時也是一種民俗活動。東巴教是納西族原始宗教，祭司叫「東巴」，譯為智者，是東巴文化的主要繼承者和傳播人。換言之，東巴文化就是東巴世代傳承下來的納西族古文化。

　　東巴文是一種兼備表意和表音成分的圖畫象形文字。納西象形文字只有 1400 多個單字，但詞語非常豐富，能充分表達細膩的情感，也能記敘說明複雜的萬事萬物，還能寫詩作文章，是目前世界上唯一「活著的象形文字」。

東巴經按經卷分為：祭天經、祭風經、開喪經、超薦經、祭龍王經、除穢經、求壽經、零雜經、卜算經、誦經及跳神規程。東巴經書是東巴文化的核心和內涵。中外學者在研究東巴文化的過程中，也收集相當數量的東巴經書作為研究資料。

東巴畫可分為木牌畫、扉頁畫、紙牌畫和卷軸畫等。巨型軸畫《神路圖》是東巴畫中的藝術珍品，是世界上最長的軸畫。《神路圖》用於納西人的傳統葬禮，畫面內容分別為「地獄」、「人間」、「天堂」三部分。畫長 10 多公尺、寬 30 公分，場面宏大，刻畫 300 多個栩栩如生的不同人物形象和數十種奇禽異獸。

東巴文化以其獨特的科學研究和藝術價值，幾百年來，深深吸引著許多中外學者和有志之士前來研究翻譯和觀賞。

體驗 麗江味道

麗江古城不僅是休閒旅遊的好地方，還是滿足味蕾的美食天堂，街頭巷尾，處處彌漫著具有納西特色的美食香味，吸引著人們前往。除了納西菜，小吃和火鍋也很出名，麗江有很多的美食聚集地，不同季節有不一樣的風味。

＊麗江粑粑

麗江粑粑可分為甜、鹹兩種口味，主材料是當地小麥做成的麵粉，甜的加入白糖和紅糖；鹹的用火腿、椒鹽、油糕合成麵糰，然後夾餡，再用小火油炸，或烤烙成外酥內泡、色香味俱佳的餅點。一般人民幣 4 ～ 8 元／個。

哪裡吃：古城光義巷（近古城庭院青年旅舍），麗江粑粑光義巷店。店內有不少做好的粑粑，一張張整齊的放著，粑粑有甜、鹹兩種口味，挑好後，店家會俐落地切開，裝進袋子，價格很實惠。

＊雞豆涼粉

雞豆是用當地一種特殊豆子，將豆子磨碎成漿，過濾冷卻成為涼粉。雞豆涼粉有涼吃與熱吃之分，涼吃多在夏季，加上辣椒和醋調成酸辣口味，清爽開胃；熱吃需要煎炸，再放入調味料。兩種吃法風味差別大。

哪裡吃：古城光義街忠義巷 37 號，民食香餐廳。餐廳的環境不錯，服務態度也很好。特色菜有雞豆涼粉、臘排骨、烤魚、麗江鱈魚等。

＊黑山羊火鍋

要在麗江吃火鍋的話，那就一定要吃黑山羊火鍋，火鍋裡可添加的菜樣很多，有帶皮的黑山羊肉、驢肉和內臟類。涮菜的種類也特別多，有蘑菇、馬鈴薯、冬粉、海帶、青菜等 10 多種，最後別忘了喝一口味道鮮美的濃湯。

哪裡吃：麗江市古城區金凱廣場黑山羊一條街，羊肉大仙老店。這家店的味道不錯，主要有羊肉、羊肚、驢肉，羊肉湯底較鹹，吃完羊肉和羊雜，再涮菜放到最後吃。蔬菜按照吃的盤數算錢，價格不貴，很好吃。

＊臘排骨火鍋

　　納西名菜「三疊水」第三疊——熱烈疊中的一道主菜，做法簡單，用料也很單純，而且是大眾都能接受的口味。以排骨為主料，加上適量的鹽醃製，然後掛在陰涼透風的地方晾。使用祕製好的臘排骨下鍋清燉，不添加任何調味料，燉至排骨軟爛而且不能離骨，這個時候就能聞到濃濃的臘排骨香味了。

哪裡吃：古城五一街興仁上段 50-3 號，遺忘的角落餐廳。餐廳位置很好，交通方便，店內布置簡約，乾淨舒適，特色美食包括臘排骨火鍋、乳扇、雪花菜、納西烤魚、甜粑粑等。

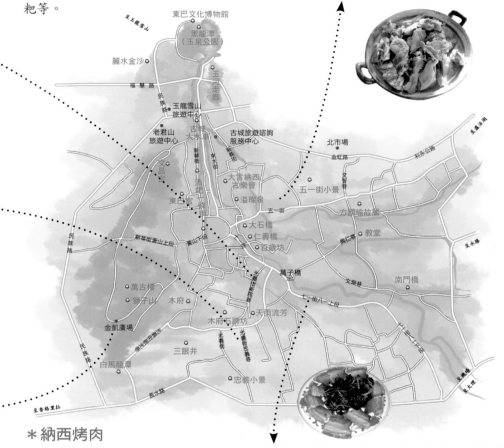

＊納西烤肉

　　這是麗江茶馬古道上流行起來的一道傳統馬幫菜。主料是新鮮五花肉，經過香料醃製而成，然後經過火烤和油炸，看起來油光閃閃，吃進嘴裡卻一點都不油膩。烤的那層豬皮顯得金黃鬆脆，吃起來香脆爽嫩，一定要沾當地的辣椒粉，香香辣辣，對於「無辣不歡」的人來說，一下子盤子就能見底。

哪裡吃：古城七一街興文巷 95 號，雲雪麗之阿順廚房。是一家味道不錯的雲南菜餐廳，店面在古城的一條小巷子裡，鬧中取靜，布置得很有納西族特色，納西烤肉滋味道地又好吃。

玩樂 麗江酒吧

　　麗江的酒吧聞名於世，是浪漫和休閒的代表，有人說不去麗江的酒吧等於沒到過麗江，可見麗江酒吧在旅遊中的重要地位。在酒吧中可以聽歌、喝酒、結交朋友、互訴心事，在動人歌聲和迷離燈光中，度過一個難忘的夜晚。

＊小吧黎酒吧（華街店）

　　小吧黎酒吧內的裝飾別具一格，古色古香的格調，具有著獨特的文藝情懷，深紅色的木質桌椅，歐式的壁爐，都能帶來暖意。每到夜晚，酒吧有雲南少數民族所表演的特色節目，演員與觀眾能充分互動，十分熱鬧有趣。

地址：麗江古城新華街翠文段 111 號
電話：0888-5187379，5136486

＊千里走單騎酒吧

　　酒吧氣氛很好，燈光迷離，古色古香，歌舞表演很熱鬧，年輕的歌者抱著吉他在舞臺上娓娓唱來，來往的顧客坐在木桌前靜靜聆聽，既放鬆又愜意。

地址：麗江古城酒吧一條街（大水車、東大街）
電話：0888-8886850

＊ 38 號音樂沙龍

　　38 號位在幽深的小巷中，夜色中，不斷有人走入這個小院，1 樓的氣氛安靜恬靜，2 樓是小酒吧，播放輕快悠揚的樂曲，一種放鬆的感覺迎面而來，認識或不認識的人在火盆四周席地而坐，喝著主人家自釀的酒，把酒言歡，互訴心事。

地址：麗江古城五一街文治巷 38 號
電話：13013384256

＊櫻花屋酒吧

　　櫻花屋酒吧是麗江古城酒吧街的創始酒吧，店內的特色飲食有韓式燒烤、石頭飯、日本料理等，老闆娘是韓國人，待人熱情。服務生統一穿著粉色服裝和頭巾，在林立的酒吧裡形成鮮明的特色，他們的口號是：「全世界喜歡泡酒吧的人聯合起來，愛音樂的人大團結。」

地址：麗江古城新華街翠文段 123 號
電話：0888-5187619

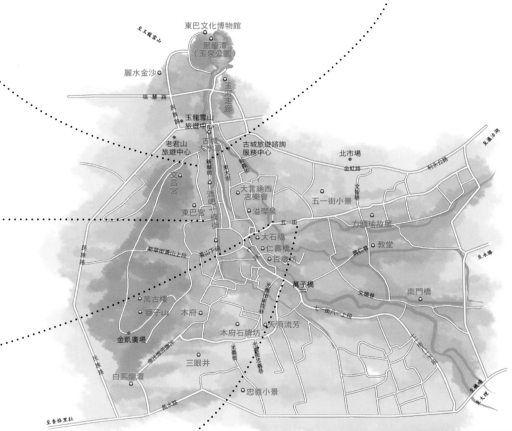

＊大冰的小屋

　　這是一家非常熱鬧的酒吧，亦是文藝青年們的聚集地，大家圍坐在一起聽吉他歌手彈唱，談天說地，在杯盞與歡聲中互訴衷腸，浪漫又開懷。

地址：麗江古城五一街文治巷 80 號
電話：13662387108

入住 麗江客棧

在古城內住宿，首選是民居客棧，能體會到麗江道地的特色居住環境。古城內，多半是當地人將自家院落改建成的客棧，每家客棧相差不大，價格均在人民幣百元左右。但在農曆春節和大陸長假期間，房價會上漲2～3倍。

麗江古城 ▶

＊老磨房客棧

客棧氣氛極好，小橋流水，曲徑通幽，坐在院內棚下小憩，水聲就在耳邊。樓上和樓下的客房都是木造結構，地板踩起來吱呀作響。房門上有雕刻精緻的花紋，窗戶紙上寫著看不懂的東巴文字。角落裡一方小平臺堆著書，欄邊有籐椅、吊床，供人休閒。

地址：麗江大研古城百歲坊 64 號
電話：0888-5103244

＊麗江橄欖樹風情驛站

這是一家田園風情很濃的客棧，富有情調，院子裡花樹交錯，深棕色的木質房門，鏤空的窗子，整齊的瓦房，院子裡擺放著搖椅，給人一種溫馨又愜意的感覺。

地址：麗江古城七一街崇仁巷 21 號
電話：0888-5112403

＊麗江出塵入夢客棧

客棧位在一棟古色古香的建築內，客房布置很溫馨，有家的感覺，最特別的是有各種主題套房，近期主推的是可愛的 Hello Kitty 主題房。提供免費無線 Wi-Fi 網路，有茶室、棋牌室、圖書館等休閒空間，服務人員還能免費提供代訂機票、火車票、公車票等業務。

地址：麗江古城區七一街八一下段 84 號
電話：0888-5112403

麗江新城 ▶

麗江新城內住宿多為酒店與賓館，也有豪華的星級酒店，多集中在香格里拉大道與七星街上，旅行團一般會住在新城。

＊官房大酒店

被評等為五星級的高級旅館，提供標準房、家庭房、豪華大房等多樣式的房型。酒店的占地廣大，花園別墅區非常出眾，以納西民居風格小院組成的連排別墅，環境優美，早上在房間內就能看到玉龍雪山映射的晨光。

地址：麗江香格里拉大道南端 966 號

電話：0888-5188888

＊麗江國際大酒店

中國大陸境內第一家五星級納西民族文化主題酒店，其建築濃縮傳統納西民居亭臺樓閣、照壁天井的精髓，客房景觀甚佳，能遠眺到玉龍雪山。晚上還有篝火晚會，房客們可以加入跳舞行列，與群眾狂歡。

地址：麗江市七星旅遊商貿街 888 號

電話：0888-5888888，5899999

＊束河古鎮

束河古鎮距離麗江古城僅 4 公里，比麗江更安靜、悠閒，而且價格大多低於麗江古城，是適合休閒度假的一個古鎮。但是和麗江古城一樣，束河也有些地段上的酒吧較多，可以避開古城中心和酒吧街，選擇清靜地段入住，價格上會相對實惠許多。

＊尼美圖

「尼美圖」直譯為「太陽出」，意譯為「東方」，有一個不大的木門，走進去以後是一個純納西風情的院子，綠草如茵，果樹林立。院子裡還建一個很大的玻璃房，下雨天、冬天、陰天待在裡面，可以看書、喝咖啡，充分享受寧靜時光。

地址：麗江束河古鎮七一街

電話：0888-5149988

＊麗江伯利恆客棧

客棧安靜又樸素，沒有擁擠和嘈雜，是麗江在地的「慢活」的味道。伯利恆客棧老闆是一對父子，父親親切，兒子淳樸。客棧周圍環境很安靜，適合一個人靜靜待著，看書、聽音樂、看藍天白雲，給心靈靜謐的空間。

地址：麗江束河古鎮松雲停車場旁

電話：0888-5179214

品味 麗江風物

麗江有很多值得購買的民間工藝品和土特產品，對於遊客來說，最熱門的旅遊紀念品要數普洱茶和銀器。對於美食家而言，鮮花餅及犛牛肉乾、野生菌也很適合當成特產，饋贈給親友或買來自己吃。另外，還有以東巴文化為系列的創意產品，例如東巴鈴、東巴紙、東巴掛毯、東巴木雕等，都令人愛不釋手。

＊木魚鈴

麗江木魚鈴是以魚頭造型的木藝片為主體，上面繪有祝福的小香包，加上小駝鈴組成，最小巧的木魚鈴樣式，輕輕一碰就能發出悠揚悅耳的鈴聲。木魚鈴在麗江人眼中不僅是裝飾品，還有吉祥平安的意思，更包含對遠方人的思念和祝福。

購買地：麗江古城七一街關門口 64 號，阿廈麗駝鈴店。

＊東巴藝術品

東巴藝術品是指東巴在宗教祭祀儀式中，製作使用的木偶、面偶、泥塑和各種竹木編紮品，造型獨特，生動逼真，有高度的藝術欣賞價值。這些手工雕刻的藝術品能夠表現原木的紋理和雕琢的痕跡，展現東巴木刻樸素、稚拙、生動、自然的藝術特點。做工精細，可放在桌面當擺設，後面有掛孔，也可掛在牆上當裝飾品。

購買地：麗江市古城區民主路 349 號，百信商場。

＊東巴紙

東巴紙是納西族東巴祭司用來記錄東巴經和繪製東巴畫的一種專用手工紙，所用材料是雲南當地特有的楮樹，植物纖維豐富，所以東巴紙的韌性很強，並且可以雙面書寫，在自然條件下，可以保存近千年也不易腐朽，有手工造紙「活化石」的稱呼。

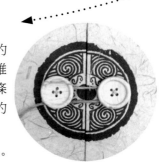

購買地：麗江古城區新華街翠文段 179 號，納西手工東巴紙坊。

＊程海螺旋藻

永勝程海湖盛產天然螺旋藻。螺旋藻是一種光能自養型生物，其藻細胞中含有光合層片（類囊體）、維生素、粗蛋白、粗脂肪、碳水化合物、胡蘿蔔素等，而且蛋白質的胺基酸組成與人體血蛋白相似，極易被吸收。

購買地：麗江市香格里大道，永程牌螺旋藻。

＊玉龍雪茶

源自玉龍雪山的山珍雪茶，潔白如雪，加工後狀似茶葉，因為它只生長在高海拔的雪山上，因而被稱為雪茶，是麗江傳統道地野生藥材。雪茶氣味清香，可以單獨泡飲，也可以與各種茶葉、菊花、甘草等物一同泡製，號稱能改善咽喉腫痛、口腔潰瘍等病狀，還有助減肥、降壓降脂，是天然保健飲料。

購買地：麗江百貨大樓、百信商場。

＊鮮花餅

鮮花餅是雲南特有的甜點，使用玫瑰花入料的酥餅，是雲南點心代表。它的製作起緣於 300 多年前的清代，因其風味特殊，歷為宮廷御點，深得乾隆皇帝喜愛。

購買地：麗江古城民主路，嘉華鮮花餅店。

感受 熱鬧節慶

　　麗江納西族一年中有許多節日，如端陽節、正月農具會（棒棒會）、清明節、中秋節、火把節、三月龍王廟會、七月騾馬會等，其中清明、春節、端午、中秋等大致與漢族相同，春節也是最盛大的傳統節日。

＊正月十五棒棒會

　　「棒棒會」又稱「米拉會」，是麗江納西族的傳統節日。節日這天，人們扛著馬籠頭、雞籠、犁、耙、桶、鋤等各種木製農具湧向大研古鎮進行交易，其中尤以直條狀的斧把、鋤把、鐮把、錘把等最多，故稱棒棒會。棒棒會後，春耕大忙即將開始，因此，棒棒會實際上是為春耕作準備的一次農具交易盛會。
地點：麗江大研古城內
時間：正月十五

黍美寺
瀘沽湖
雞公石
寶山石頭城
寧蒗
虎跳峽
玉龍雪山
老君山
玉峰寺
束河
長江第一灣
麗江
麗江古城
拉市海
玉龍
九十九龍潭
玉水寨
東巴谷
永勝
他留人墳林及城堡
華坪
新華村
程海

＊三多節

　　三多節是納西族最盛大的傳統節日，屆時麗江城鄉中古樂長奏，納西人載歌載舞，還會帶著火鍋到拉市海等風景秀麗的地方野餐，以此來歡慶節日。
地點：麗江
時間：農曆二月初八

＊轉山節

　　轉山節是瀘沽湖摩梭人最重大的節日，又稱「轉山會」，摩梭人稱轉山節為「朝山節」，相傳摩梭人的祖先便是在這天誕生。節日期間，摩梭人會穿上最華麗的民族服裝，進行祭拜女神、歌舞、射箭、結交阿夏等各種活動。

地點：瀘沽湖　時間：農曆七月二十五

＊麗江束河雪山音樂節

　　每年 8 月，麗江束河古鎮聯合舉辦的雪山音樂節，屆時少數民族的年輕人們，奏響曲樂，載歌載舞，是名副其實的古鎮年輕人大聚會。

地點：束河古鎮　時間：每年八月

＊麗江七月會

　　是納西人的一個重要節日，會期 10 天左右，因以騾馬、牛等大型牲畜交易為主，又稱「七月騾馬會」。節日期間，納西人牽著牲口，帶著農副土特產和各種中藥材，來到大研古城趕會，看展覽和表演，從街頭到會場，短短 3 公里路程，人潮不間斷。

地點：麗江大研古城東南部紅星交流會場

時間：農曆七月中旬

＊納西火把節

　　納西人按古規，一連要過 3 天的火把節，點 3 個晚上的火把。每天門前要點一支柱子般，又粗又大的大火把，寨子裡的青年們會拿著又細又長的小火把，沿著田埂、山路，邊走邊唱，直到深夜。火把燃得越旺，就越吉利，人們越高興。

地點：麗江，以大研古城最熱鬧

時間：農曆六月二十五至二十七

＊東巴會

　　東巴會這天，東巴人清民早來到玉水寨東巴什羅廟，點燃香爐，燒大香，祭拜神靈和東巴始祖東巴什羅，並且誦經，做法事。其宗旨是為了傳承納西族古老和獨特的東巴文化，聯絡各地年長和年輕的東巴人相聚一起，使得他們可以展現所學知識，交流學習心得，探討傳承文化。

地點：麗江玉水寨　時間：農曆三月初五

PART 1
麗江古城

★眾荷喧嘩　麗江少數民族眾多，節日也是五彩繽紛，就算在平日，四方街裡也隨處可見身著民族服裝的少女和阿媽。沖一杯咖啡，躺在長椅上，上看藍天白雲，下看納西美女，擺脫都市的煩躁和喧擾，徹底進入慢生活吧！

★豆小豆718　一個去了便會鎖住回憶的地方，記憶中，那裡的一切都是那麼美好，美麗的景色、美妙的歌聲、美味的食物，一切都是無與倫比的美！

★KrisMina　麗江給我的印象是：天是碧藍的，水是碧綠的，天和水連成一線，看到的人都會為之心動。

麗江古城即大研古城，又名大研鎮，被譽為「高原姑蘇」和「東方威尼斯」，是一座沒有城牆環繞的古都，有人說這是因為當初興建古城的土司為木氏，忌於修建城牆有圍「木」成「困」的意思，便決定不造城牆；還有一種說法，認為這與納西民族的開放性有關。無論原因為何，祖輩們都留下一個不一樣的麗江，一個「木」質又充滿溫馨古雅氣質的古城。

麗江，也有人說是「獵豔聖地」，或許是入夜後古城酒吧一條街的熱情洋溢，讓人在歡樂的氣氛中願意敞開心房，與來自世界各地、各個民族、各式各樣的人成為朋友。麗江就是這樣一個充滿愛與奇遇、世俗與理想並存的地方。

門票和開放時間

門票（人民幣）：古城維護費 80 元，束河古鎮 50 元，木府 60 元，萬古樓 50 元，黑龍潭免費，白沙壁畫 30 元，世界遺產公園 60 元，摩梭家訪 20 元。如果不去玉龍雪山和束河古鎮、木府、黑龍潭這四個點，可以不買古城維護費。

開放時間：古城全天開放，木府 7：00～18：00，萬古樓 7：00～22：00，黑龍潭 7：00～19：00。

最佳旅遊時間

麗江四季都適合旅遊，而又以春季和秋季為佳。春季的麗江百花開放，風景優美，再加上此時是淡季，吃住行都很方便；秋天的麗江風清氣爽，到處都是成熟的色彩。如果想去賞雪的話，可以選擇 1～3 月前往。

進入景區交通

位置：麗江市古城區麗江壩中央。

交通：麗江三義機場－古城：從機場到古城有 3 種辦法。客棧接：提前預定客棧（住 2 晚以上），大多數客棧會提供免費接機。計程車：一般人民幣 80～100 元，古城不允許開車進去，車子只能停在古城入口處，然後打電話請客棧員工來接。民航大巴：機場門口乘坐，人民幣 20 元／人，在新城的藍天賓館下車，然後搭車到古城即可，車費人民幣 7 元，車程 10 分鐘左右。

麗江火車站－古城：火車站到古城有 10 多公里，從火車站到古城也有 3 種辦法。公車：乘坐 18 路公車到白龍廣場下車（古城南門），要去大水車可轉乘 11 路，另外有4 路公車可直接到古城大水車，但很難等。麵包車：這是一種專門載客的箱型車，一趟人民幣 10 元，但通常駕駛的開車速度較快，要注意安全。客棧接：最好的辦法是提前訂房，請客棧來接。

◆ 古城大水車

一進古城，首先看到的是兩座水車，有人說這是子母水車，也有人說這是情人水車。水車往右是一個很大的照壁，古城裡有很多這樣三坊一照壁風格的民居。在古城入口的右邊是水龍柱，據當地人說龍是負責管水，古城裡的土木建築最怕火，因為水能克火，所以立了這個水龍柱，以表達古城人民免除火災的願望。

麗江古城示意圖

至玉龍雪山

東巴文化博物館

黑龍潭
（玉泉公園）

麗水金沙

福慧路

民族路

玉河走廊

玉龍雪山
旅遊中心

老君山
旅遊中心

古城
大水車

古城旅遊咨詢
服務中心

新華街

東大街

新義街

北市場

金虹路

文昌宮

酒吧一條街

大研納西
古樂會

溢璨泉

五一街

文智巷

五一街小景

方國瑜故居

東巴宮

新華街黃山上段

黃山下段

四方街

大石橋

仁壽橋

百歲坊

教

萬古樓

獅子山

木府

萬子橋

文華巷

光義街新院巷

七一街八一上段

天雨流芳

木府石牌坊

光義街

光義街忠義巷

三眼井

白馬龍潭

民族路

忠義小景

至香格里拉

長水路

> **攻略**
>
> 古城大水車旁有片大螢幕，每日會播放在古城最受歡迎、最有特色的歌曲，其中，《納西淨地》是最出名的曲目。

◆ 大石橋

　　從古城四方街向前不遠處就可以看到玉河，在河面上架著 354 座形狀各異的古橋。橋樑的構造多樣，較著名的大石橋、鎖翠橋、仁壽橋、南門橋等，均建於明清時期，其中，以位於四方街以東 100 公尺的大石橋最具特色。

　　大石橋又叫映雪橋，是麗江古城裡最大的一座雙孔石拱橋。大橋長約 10.6 公尺，寬 3.84 公尺，用板岩石支砌出拱圈，以五花石鋪砌成橋面，拱橋中橋墩的兩側還鑄造有分水金剛牆。

◆ 仁壽橋

　　百歲坊巷口立有一座仁壽橋，該石板拱橋由原先的栗木板橋改造而來。相傳清朝有父子二人住在橋邊，分別活到 108 歲和 104 歲，故此橋被命名為仁壽橋。在中河流過的一處建有一座單孔「南門橋」，石料鑲嵌在橋面，做工極為精細。從橋的南北兩側望去，能看到雕砌得活靈活現的龍頭。

>
>
> 1. 古城內賣小吃的店家攤位多在大石橋附近的五一街上，逛完玉河古橋群可順便前去品嚐麗江美食。
> 2. 夜晚有人在橋邊兜售色彩各異的紙製荷花燈，可以買幾個花燈放入流水中，許願祈福。

◆ 白馬龍潭

　　白馬龍潭位於獅子山腳，為一處清澈甘甜的泉水，水從石間湧出，潭邊古樹成蔭，池中游魚騰躍，被納西人民奉為神泉。池畔白馬龍潭寺在清乾隆十九年（1754 年）建成，是當時麗江文人、學士吟詩作賦的重要活動場所。現存寺廟為重建，有山門、大殿、左廂房等建築。

◆ 三眼井

　　三眼井是一種特別的水井，著名的是位於密士巷的「溢燦井」，特點是透過地勢，從上到下，三塘水相連，第一眼為出水口，亦即嚴格意義上的井，用於取飲用水；第一眼井中溢出的水隨地勢進入第二眼，為洗菜用水；隨地勢又進入第三眼，此為洗衣用水。

景區交通

　　古城內禁止任何車輛通行，行人只能步行。好在古城不大，大約走路 30 分鐘就能逛遍了。

　　從古城前往束河古鎮和白沙古鎮可乘坐公車或騎自行車，詳細路線可參考本書「束河古鎮」和「白沙古村」交通。

 ## 美食攻略

　　麗江古城中最出名的美食是小吃和火鍋，小吃以雞豆涼粉、納西烤魚、麗江粑粑、東巴烤肉等最受歡迎，火鍋以臘排骨火鍋、洋芋雞火鍋、黑山羊火鍋、菌類火鍋等最出名。

必吃美食

　　麗江粑粑：能夠將一塊油鍋裡的粑粑炸出風花雪月來，恐怕也只有麗江了。麗江粑粑是納西族獨具風味的小吃，主要原料是當地特有的精麥麵粉，再加上火腿、豬油、糖等佐料，將其調勻，揉製成層，做成大約盤子大小、厚約寸餘的圓餅，再以平底鍋小火煎熟，是麗江最有名的特色小吃。

　　雞豆涼粉：是把雞豆泡透磨細，過濾成漿，再煮熟為灰白色，倒入各種容器中冷卻成形。各條小巷子裡都有店家販賣，夏天涼拌，冬天會用平底鍋兩面煎熟來熱吃，拌上紅辣椒、綠韭、花椒、青蔥、芥末、酸醋等各種佐料，色香味俱佳，開胃又爽口。要是能找到石鼓涼粉那就太幸運了，這是雞豆涼粉中最好吃的一種。

　　吹豬肝：納西族請客時必備的一道傳統名菜，製法特殊，色美爽口，主料豬肝配上芫荽、炒花生米、鹽、醋、辣油、芝麻等拌在一起，飄香又入味。

美食街與餐廳

古城內小吃集中在大石橋附近，還有四方小吃一條街，食物的價格相對於新城來說稍貴。餐廳方面，古城裡面集中在七一街地段。

四方街是古城內有名的小吃一條街，短而窄的街道兩側排列數十家小餐廳，幾乎每家餐廳都有雲南特色小吃——米線，因此這條街又有「麗江米線街」的稱呼。

七一街上有很多餐廳，櫻花美食廣場是古城內最大的美食集中區，集結各式各樣的小吃攤，販賣各種麗江特色小吃，例如木府歡騰雪山羊、羊肚菌燉土雞、納西烤肉、雞豆涼粉、納西米腸等。

購物攻略

麗江古城的小巷子裡有不少出售手工藝品的小店，大多是由老闆親自手工製作，價格較貴，但可以殺價。遊客不僅可以在這裡選購合意的商品，有時還可以看到工藝品的整個製作過程。

古城內有很多特色小店，主要賣的有銀器、木雕、蠟染、畫扇、普洱茶、民族服飾等。和忠義街相連的忠義市場在大研古城最內部，是一個當地人逛的市場，裡面出售的雲南藥材、菌類、小工藝品等都很便宜。

蠟染

絕對的民族風，有些帶有東巴文字，大圍巾、披風乃至服裝都有，從人民幣幾十元起跳，可以殺價。

東巴紮染

到麗江一定要買的就是東巴紮染，融合白族紮染和苗族臘染工藝，再加入東巴文化的元素，具有獨特的審美價值和裝飾性。東巴紮染做成的布掛都很漂亮，而且實用，可以當牆上的掛飾。

東巴紙

東巴紙是中國大陸境內所有的手工紙中，最厚、最耐磨損的一種紙，在傳統的手工紙中，唯有厚實的東巴紙可以雙面書寫。遊客們可以在東巴造紙坊親手製做一張東巴紙，會很有成就感。

納西壁畫

喜歡收藏壁畫的朋友建議購買當地的納西壁畫，非常值得珍藏，放在桌面做擺飾，效果不錯。

駝鈴

據說是以前行走茶馬古道的馬幫用的駝鈴，一般繫在領頭馬的脖子上，當清脆的鈴鐺響起時，其他的馬便可循聲而至。頂部為雲南草帽，中部為銅鈴，下面為東巴經文木牌，大多是吉祥的祝福語。

普洱茶

普洱茶的茶性相對其他茶更溫和，暖胃無刺激，還可以降血脂，老人也可飲用，因為普洱茶能夠促進腸胃蠕動和幫助消化，深得許多女性朋友喜愛。買普洱茶宜多看、多比較、多品嚐，不太懂茶的話最好別買價格太貴的茶磚或茶葉。

> **旅遊小 Tips**
>
> 麗江特產主要是螺旋藻、普洱茶、銀器、玉石、木雕、皮毛、皮包、披肩、圍巾等手工製品，如果要買的話最好回臺前二天先多看多問，打聽好各方面情況，臨走的前一天再統一採購。 如果幾天住下來感覺客棧的老闆真誠，也可請他們推薦店家，通常在地人會知道哪些店家能買到物美價廉的真貨，但要注意防備個別的客棧跟店家勾結。

蜜餞

麗江蜜餞早有名氣，口味繁多，琳琅滿目，有蘋果、辣椒、海棠果、番薯、鳳梨等口味，全由主人手工製成。古城內最有名的一家賣蜜餞店面隱藏在小巷中，離普賢寺不遠。

休閒娛樂

麗江的酒吧很出名，許多人會一再重遊麗江，除了醉心於美景和風土人情外，酒吧也是其中的一個原因。麗江的酒吧主要有「三大流派」：新華街的酒吧一條街，五一街的清吧，還有定位在餐廳和酒吧間的「餐酒吧」。

新華街酒吧

酒吧一條街正式的街名是新華街，到了晚上會很吵雜，喜歡熱鬧的人可以來這裡逛逛。知名的酒吧有布拉格咖啡、小吧黎、紅酒雪茄坊、櫻花屋、一米陽光酒吧總店、千里走單騎酒吧等。

五一街清吧（火塘酒吧）

五一街上以小酒吧居多，價格比酒吧一條街實惠，酒吧環境顯得很「原始」，大多在巷子裡，中間生一堆火，大家圍著火堆聊天、聽唱，也可自娛自樂，消費相對酒吧一條街來說較低，稱為「清吧」。

這些酒吧也稱為「火塘酒吧」，著名的有「38 號」、「江湖」、「我在麗江等你」和「大冰的小屋」等。在這裡，遊客們可以聽音樂、看電影或喝茶，很隨性。火塘酒吧裡的音樂也很有個性，歌手多半是在麗江待了很長一段時間，有才華、性格，懂得創作，演唱歌曲中充滿對麗江的熱愛或傳達自己的心情故事。

餐酒吧

介於餐廳和酒吧間的「餐酒吧」，以木王宴語和秋月閣為代表，在新義街上，都有歌手駐唱，並提供餐飲。這類餐酒吧的美食和酒水價格只有酒吧街的十分之一左右，相對實惠。

 ## 住宿攻略

麗江古城的客棧遠近聞名，不住特色客棧等於白來麗江了，可以說客棧就是麗江的靈魂，有麗江的特色，也有麗江的故事。古城內客棧多達上千家，大部分是納西民居改造，多數是帶有庭院的木式建築。客棧價格從人民幣幾十到幾千元不等，居住品質和價格可根據自己的需求來決定。

此外，距離大研古城僅有 6 公里的束河古鎮，目前也很受歡迎，許多背包客會選擇住在那裡，古鎮古樸幽雅，民族特色保持完好。

四方街

四方街是古城最繁華的地方，周圍食堂、酒吧、商店林立，交通四通八達。街上有各種類型的旅館可選擇，但四方街較為熱鬧嘈雜，喜歡安靜的朋友最好避開這區。

麗江古城國際青年旅館：是麗江古城早期開設的青年旅舍之一。位於麗江古城核心區黃金地段，前擁麗江古城茶馬古道文化廣場，後靠東河、臨主街，也是出入古城最佳位置。樓頂可觀賞到古城全景和玉龍雪山的麗江古城第一樓。地址：麗江古城新義街密士巷 44 號。

麗江開心觀景客棧：客棧地理位置優越，周圍建有大型停車場，適合自駕旅遊的旅客。臨近小吃街，吃飯也很方便。客棧為典型的納西族庭院民居，所有房間內均配備液晶平面電視、免費無線 Wi-Fi 網路和免費沐浴用品等，為旅客提供良好的住宿環境。地址：麗江古城新華街雙石段 52 號。

五一街

五一街是一條充滿小資情調的街巷，有各種特色小店和咖啡館，文藝氣息濃郁，整條街道算是古城中尚未被成熟開發的地方。

麗江舊故里客棧：位於五一街，與文化巷毗鄰，客棧周邊遊玩方便，位置優越，提供多種房型，配備一流的硬軟體設施，價格實惠，是外出旅行入住的理想選擇。地址：五一街興仁中段 69 號附 1 號，電話：0888-8884066。

七一街

七一街、木府一帶處於邊緣地帶，安靜舒適，主要客棧有月半彎客棧、老磨房客棧以及靠近七一街的木家苑客棧等。

月半彎客棧：客棧位在興文巷內，鬧中取靜，住宿環境很好。客棧內有花草植物院，院內樹影錯落，提供寬敞舒適的休閒空間。房間裝潢精緻，具有濃郁的納西風情，配有柔軟的床墊和乾溼分離的衛浴室，提供免費無線 Wi-Fi 網路。標準客房搭配早餐的優惠價格，淡季約為人民幣 160 ～ 200 元，旺季為人民幣 220 ～ 320 元，春節或大陸長假期間調漲為人民幣 360 ～ 400 元。地址：大研古城七一街興文巷 54 號，電話：0888-8885880，5165959。

德豐大寶客棧：由麗江商賈世家李氏舊居改建而成的客棧。房間是按照四星標準裝潢，整體環境乾淨、舒適，全館有免費無線 Wi-Fi 網路，可免費索取旅遊交通地圖，快速辦理入住和退房，並提供行李寄放、代訂旅遊和交通票券、代叫計程車等服務。有一間中餐廳，可供應三餐。要特別注意的是，客棧沒有電梯，房客須自行提行李到房間。淡季時，標準客房價格在人民幣 130 ～ 160 元／間。地址：大研古城七一街興文巷 8 號，電話：0888-5388788。

古城南門

古城南門一帶出入方便，但多數是新建的房子，缺乏麗江古城的古典氣氛，這附近最有名的旅館是老謝車馬國際青年旅舍。

老謝車馬國際青年旅舍：這家旅館的外型很古樸，周邊有空曠的大平地，晚上可以在平地上看星星，自行駕車旅遊的人可以把車停在那裡。旅舍總體環境愜意又舒適，許多年輕背包客會在這裡過夜，可以遇到許多志趣相投的人。地址：麗江古城區新義街積善巷 25 號，電話：0888-5116118。

麗江王府飯店：位於古城南門廣場，建在原木王府上，擁有上百間精緻的客房。飯店還設有具民族特色的多個多功能會議室，有中餐廳和西餐廳，供應各式美食。地址：大研古城南門街依古巷 9 號，電話：0888-5189666，網址：www.ljhotel.cn。

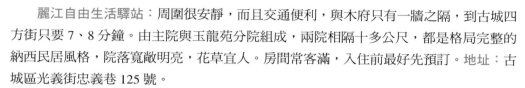

光義街

　　光義街位於木府附近，環境清幽，距離獅子山也很近，適合喜歡清靜的人居住。

　　麗江自由生活驛站：周圍很安靜，而且交通便利，與木府只有一牆之隔，到古城四方街只要 7、8 分鐘。由主院與玉龍苑分院組成，兩院相隔十多公尺，都是格局完整的納西民居風格，院落寬敞明亮，花草宜人。房間常客滿，入住前最好先預訂。地址：古城區光義街忠義巷 125 號。

　　麗江古城一棵樹客棧：客棧環境優雅，溫馨舒適，老闆和服務人員都很親切，會盡力滿足房客需求，有時還會主動請房客吃水果、喝普洱茶，並提供代訂票券、代叫計程車、旅遊諮詢等貼心服務。全館提供免費無線 Wi-Fi 上網，並能索取免費的觀光遊覽地圖。地址：麗江古城光義街光碧巷 11 號。

獅子山

　　獅子山有木府後花園的稱呼，山頂的萬古樓是觀賞古城全景的好去處，有許多依山而建的客棧，可謂是鬧中取靜，視野極好。

　　麗江閱古樓客棧：鄰近獅子山公園，地理位置優越。是一座傳統納西庭院式客棧，環境幽雅，坐在客棧的陽臺上就能一覽古城全景。客棧溫馨舒適，富有情調，擁有一個大花園及休閒空間，深受旅客們的喜愛。地址：麗江古城區新華街翠文段 32 號。

行程推薦

　　遊玩古城沒有固定的遊覽路線，遊客可從古城的各個入口進城，根據自己的喜好遊覽。重點推薦四方街、木府、玉河古橋群和萬古樓。沿玉河古橋群向西直走可到達中心廣場四方街，繼續向西走可至萬古樓。木府位於最南端，出木府向東是天雨流芳。另從四方街走，不久就可到達東巴宮及科貢房。

特別提示

1. 麗江早晚較涼，建議多穿件薄毛衣或防風外套。
2. 當地飲水為用冰雪融水，寒氣較重，如身體虛寒，還是喝瓶裝水為宜。
3. 在古城內不要亂買玉器，真假難分，很容易買到廉價的贗品。
4. 麗江美景多，許多人會隨手拿手機或相機來拍照，電池容易沒電，最好隨身攜帶行動電源或備用電池。
5. 古城內路線複雜，最好先在入口處買一份地圖，約在人民幣 4 ～ 8 元／張。
6. 每年的 7、8 月是雨季，公路容易塌方，旅遊最好避開這段期間。

專題 東巴民俗

　　納西族普遍信奉東巴教，東巴節慶活動的起源多與宗教傳說故事有關，因此東巴節慶活動在納西人民生活中有著神聖的地位。如今，東巴節慶已漸漸演變為節日和祭祀兩大部分，兩者又有相互交叉的部分。

　　納西族以農曆紀年，主要節日有春節、清明節、中秋節、火把節、三月龍王廟會、七月騾馬會等。不少節日與當地漢族大致相同，其中春節是最大的傳統節日，會伴有祭祀儀式。節日期間，東巴及周圍居民相聚在一起，舉行規模盛大的賽馬、摔跤、跳舞、對歌和野餐等活動。

　　祭祀分為定期和非定期兩種。定期祭祀選在每年農曆二月舉行，以村為單位，固定祭祀多設在村外有清泉處。祭祀需要 2 天時間，期間要準備祭物、打掃祭壇、繪製祭祀木牌、恭請自然神、送自然神會山林、贈以祭品。祭祀務必辦得認真虔誠，須嚴格遵循古制行事，吟誦約 70 萬冊東巴古籍，儀式由東巴大祭司主持，當中以《祭天》、《祭風》、《祭署》、《祭丁巴什羅》等為具有代表性的儀式。

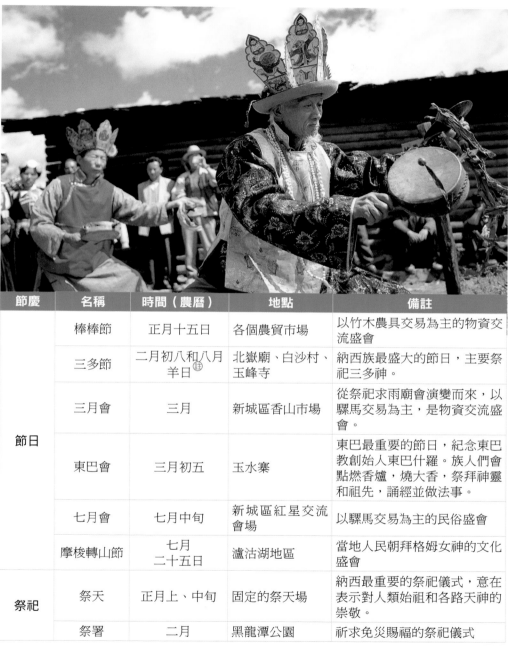

節慶	名稱	時間（農曆）	地點	備註
節日	棒棒節	正月十五日	各個農貿市場	以竹木農具交易為主的物資交流盛會
	三多節	二月初八和八月羊日註	北嶽廟、白沙村、玉峰寺	納西族最盛大的節日，主要祭祀三多神。
	三月會	三月	新城區香山市場	從祭祀求雨廟會演變而來，以騾馬交易為主，是物資交流盛會。
	東巴會	三月初五	玉水寨	東巴最重要的節日，紀念東巴教創始人東巴什羅。族人們會點燃香爐，燒大香，祭拜神靈和祖先，誦經並做法事。
	七月會	七月中旬	新城區紅星交流會場	以騾馬交易為主的民俗盛會
	摩梭轉山節	七月二十五日	瀘沽湖地區	當地人民朝拜格姆女神的文化盛會
祭祀	祭天	正月上、中旬	固定的祭天場	納西最重要的祭祀儀式，意在表示對人類始祖和各路天神的崇敬。
	祭署	二月	黑龍潭公園	祈求免災賜福的祭祀儀式

　　此外，還有祭風、祭丁巴什羅、素神（婚禮）、祈壽儀式等多種形式的活動，都具有濃厚東巴宗教意義。

註 八月羊日：在納西族傳統中，八月為羊月，每月初八、二十為羊日。

四方街
麗江古城的中心

★ zlfzlf　四方街上非常熱鬧，充滿各種商店和餐廳，在這邊逛，買東西、吃東西都很方便。

★用戶　到了晚上，四方街上逛的人潮會很多，超級熱鬧，附近的酒吧會傳來各式各樣的音樂，彷彿一場戶外音樂會，讓人有種莫名的興奮。

門票和開放時間

門票：免費，但入古城需繳人民幣 80 元的古城維護費。

開放時間：全天。

進入景區交通

位置：麗江市古城區古城中心。

交通：從古城口沿著東大街或新華街一直走進去就到了。

四方街位於古城的中央，名為街，實際上是一個廣場。廣場形狀很像方形的知府大印，相傳由明代木氏土司修建，有「權鎮四方」的意思。

四方街的道路均由彩色花石鋪砌而成，平坦潔淨，晴不揚塵，雨不積水，幾乎每條街道一側都伴有潺潺流水。這裡是昔日茶馬古道的重要樞紐之一，從此處向外發散延伸出多條大路，又有不少小街暗巷從各主幹道分出。明清之時，古城商貿繁榮，四

　方街就成為人們買賣交易的平臺。現在臨街的房屋多保留明清建築風格，外觀典雅，內部裝潢古色古香。入夜後，許多遊客會去街上的酒吧娛樂或參加篝火晚會。

　　四方街旁的科貢坊是為激勵嘉獎求學上進的學子而建。坊前的石橋叫「賣雞豌豆橋」，向南 20 公尺有一座同樣有趣的小橋，叫做「賣鴨蛋橋」，這些都來自於人們早年習慣在橋上交易貨物，由此形成「橋市」，產生了這些名字。

攻略

1. 四方街上，每週二、四、六都有篝火歌舞晚會。白天可在此跟著馬夫騎馬逛古城，或在商店購買銀飾、東巴紙等特產。晚上伴著篝火晚會，可加入納西族的舞蹈中，參加打跳唱歌的活動。
2. 四方街有很多大大小小的酒吧和茶樓，其中不乏由外國人經營的商家。每天夜晚，四方街籠罩在一片溫暖祥和的氣氛中，是遊客最集中的地方。

網友按讚 👍

往事如煙　古城門口有個很大的標誌性大水車，導遊說那都是活水，是個很龐大的供水系統，如果迷路，只要順著旁邊的水渠就可以回到城門口，水流潺潺，相當清澈。

Sophia　四方街上人潮湧動，商店琳瑯滿目，有民族飾品、葫蘆絲等，其中圍巾店鋪最多，款式風格各異，除了可以配合服裝當作裝飾，還具有保暖功能。

麗江酒吧一條街
「豔遇」夢開始的地方

★ Jessica　麗江酒吧街真是越夜越熱鬧，晚上燈紅酒綠，絕對是夜貓子的天堂！

★我愛 travel　來到麗江酒吧街，可以盡情放開懷，在酒吧裡和朋友們熱舞，享受解放自我的暢快感。

門票和開放時間

門票：免費，但入古城需繳 80 元人民幣古城維護費。

開放時間：全天。

進入景區交通

位置：麗江市古城區大研古城大水車旁。

交通：從古城口大水車往南走即是。

麗江酒吧大體可以分兩類，一類俗稱鬧吧，熱烈喧鬧，以酒吧一條街為代表；一類低調隱蔽，特立獨行，以分布在麗江古城各處的火塘吧和清吧為代表。

麗江古城酒吧一條街一頭連著四方街，一頭通向古城入口大水車，是古城最繁華的所在，中間流水潺潺，楊柳垂枝，流水兩邊就是各個頗有名氣的酒吧。

整條街只有兩個主色調：紅燈籠與黑木頭，微小處也點綴些黃玉米、紅辣椒、葵

花盤、豬槽船、晒穀架、舊蓑衣等小物件，簡單隨意，質樸稚拙。店名多以中文、英文、麗江東巴文三種文字刻木而成，長條木桌上閃著燭光，與玉水河上飄浮的許願河燈相映成趣。白天這裡很安靜，而當夜幕降臨時，又是另外一種風景，燈光迷離，織錦燈籠與燭光相輝映，沸騰的音樂和人潮澎湃，夜生活十分熱鬧。

> **旅遊小 Tips**
> 1. 逛麗江古城，旅客大都會去酒吧休閒娛樂，但是要注意酒吧內會有人主動搭訕，然後不停勸喝高價的酒。
> 2. 麗江是高原，剛抵達麗江的朋友不要馬上到酒吧大量喝酒，這樣容易引起高山症反應。
> 3. 麗江酒吧裡會有賣菸的服務生，如果方便的話，建議到外面超市買菸，因為酒吧裡會貴 3 倍多，酒吧街的附近就有多間超市。

攻略

納西古樂

納西古樂素有「音樂化石」的稱呼，在納西族民間廣泛流傳。道教法事音樂，儒教典禮音樂，甚至唐、宋、元朝的詞、曲牌音樂，奇蹟般地融匯在納西古樂的旋律中，卻形成獨特的納西民間音樂。納西古樂會集古老樂曲、古老樂器和國寶級藝人為一體，被譽為稀世「三寶」，喜歡古典音樂的朋友一定要去聽聽。

古城東大街上有兩個聽古樂的地方，一個是東巴宮，另一個是東巴宮對面的大研納西古樂會。目前世界上最著名的一支納西古樂隊由宣科帶領，常駐於大研納西古樂會。

演出時間：一天一場，20：00～21：30。

門票（人民幣）：A 票 160 元，B 票 140 元，C 票 120 元。

連結

鬼才宣科

宣科出生於 1930 年，是一個藏裔納西族人，退休後專門從事音樂研究，特別在納西古樂方面卓有成就，先後撰寫《活的音樂化石》、《白沙細樂小議》、《白沙細樂探源》等文，享有高度的國際聲譽。

木府
麗江小故宮

★ gabriel_celera　這是一座很美的園林，雖然不像北京故宮建築群那樣宏偉壯觀，卻有著南方園林的典雅雋秀，處處都能感受到納西族文化與漢族文化交融的感覺。

★三寶寶　木府的氣勢和規模，在麗江這樣的一個小城裡也算得上輝煌，看過小橋流水後，再去看看木府，肯定有不一樣的感受。

門票和開放時間

門票：人民幣 60 元

開放時間：7：00 ～ 18：00。

進入景區交通

位置：麗江市古城區大研古城光義街（忠義巷口）。

交通：從四方街順七一街向東步行大約 200 公尺，遇見右側的關門口牌坊，進入關門口，再直行 100 公尺就是木府。

「北有故宮，南有木府」，光從這句話就可想像出木府的氣勢。木府原為麗江世襲土司木氏的衙署，始建於元代（1271 ～ 1368 年），據說當時是參照故宮的建築結構而成，為一座輝煌的建築藝術苑。因其大型的牌坊、精美的石雕、豔麗的壁畫而遠近

聞名，尤以當年明神宗欽賜的忠義牌坊最有特色，民間有「大理三塔寺，麗江石牌坊」的說法。徐霞客曾歎木府曰：「宮室之麗，擬於王者」，可見古時木府的氣派。

木府充分反映明代中原建築的風采氣質，同時保留唐宋中原建築古樸粗獷的流風餘韻。府邸占地 3 萬多平方公尺，中軸線全長 369 公尺，整個建築群坐西朝東，「迎旭日而得木氣」，左有青龍（玉龍雪山），右有白虎（虎山），背靠玄武（獅子山），東南方向有龜山和蛇山對峙而把守關隘，木府懷抱於古城，既有枕獅山而升陽剛之氣，又有環玉水而具太極之脈。府內溝渠縱橫，活水長流的布局，見證納西族傳統文化的精神所在。

同時木府又是納西古王國名木古樹、奇花異草彙聚一體的園林，介於皇家園林與蘇州庭院園林間，將天地山川的清雅之氣與王宮的典雅富麗融為一處，充分展現納西族廣採博納，多元文化的開放精神。

木氏家族以「知詩書好禮守義」聞名，在納西族中也是名門望族，曾受歷代皇帝欽賜 11 塊匾額，均掛在府內。在外能看到一塊高大的牌坊，上面刻著「天雨流芳」四字。「天雨流芳」在納西語中是「讀書去」的諧音，意在督促世人勤勉向上，獲取知識。萬卷樓中的珍奇藏書、東巴經、詩集名畫，也證明木家人好學習的天性。

1998 年，木府重建後改為古城博物院，博物院建築主要包括忠義坊、義門、前議事廳、萬卷樓、護法殿等 15 棟建築，共計 162 個房間。

解說

就建築風格而言，木府整體酷似紫禁城，但在模仿皇室王宮的同時，又引入納西族、白族的工藝元素和蘇州園林的江南格調，富麗堂皇中透著清雅。

木府模型圖

連結

木府的建築特色

　　木氏土司在建造自己的宮殿式木府時，方向未按「坐北朝南」為佳的中原風水理論，而是朝向太陽和東方。東方屬木，太陽和木為納西東巴教中的崇拜物，因此，欲得「木」之氣而盛的想法，使木府的建築採取坐西朝東的方向。

攻略

1. 木府有免費講解員，遊覽時一定要聽講解，才能知道當中的歷史背景。
2. 木家院中有一棵枝葉繁茂的柏樹，原本已乾枯，但 1996 年的大地震把它神奇的「震活」了，至今已存活 600 多年。
3. 有些導遊會把遊客帶到木府的藏寶處後，遊說大家去算命，建議謹慎考慮。

獅子山
俯瞰古城最佳點

★ 038486　獅子山是麗江古城的最高峰，在萬古樓上可以俯覽麗江的古城和新城全貌，值得去看。

★ yqqabc　獅子山就在古城邊，不是很高，隨著石階慢慢而上，可以俯覽古鎮。仰望著雲朵在風的吹送下變換著形狀，看著腳下的古鎮，遠處連綿的山脈，真希望時間能停在這一刻啊！

門票和開放時間
門票：萬古樓人民幣 50 元。
開放時間：7：00 ～ 22：00。

進入景區交通
位置：麗江市古城區大研古城新華街。
交通：進入古城後沿四方街西側小路一直走，即可到達獅子山。

獅子山因山體宛如一頭睡獅而得名，古城建築就依山順勢，環繞在獅子山山腳，也因此成為觀賞麗江古城全景的最佳去處。獅子山總面積 15 萬平方公尺，山上綠樹成蔭，古樹蒼天，聲聲鳥啼不絕於耳，山頂有極具納西特色的樓閣式五層五重簷全木結

構建築──萬古樓,是麗江的標誌性建築。

萬古樓高 33 公尺,主柱 16 根,通天 22 公尺,堪稱中國大陸境內木結構一柱通頂斗拱建築的第一樓。它在東巴文中解釋為「千年萬代樓」,納西語稱「溫古輪」,取其諧音,名為「萬古樓」,寓意著麗江城千古流芳、萬古不朽。

萬古樓的四面入口安放著 4 對形態各異的石獅,樓內繪有 2300 個吉祥圖案,代表麗江的 23 個石雕圖案。整座樓中雕刻有近萬個彩繪龍圖案,寓意麗江是「龍的傳人」的美麗家園。樓頂藻井蟠龍反映龍能吐水的傳說,同時警示人們要注意防火和用火。

攻略

1. 步行攀登至萬古樓約需 30 分鐘,最好的方法是遊覽木府時沿石階往上走,這樣可以一邊攀登,一邊觀景。
2. 登萬古樓可北望神奇美麗的玉龍雪山,東俯小橋流水的麗江古城,西瞰多彩多姿的麗江新城,南眺納西村落、田園風光,多變的觀賞角度,使其成為攝影愛好者拍攝選景的必到地。
3. 拍攝麗江古城的最佳時機是早上,古城的清幽及一線陽光的美景可盡情收藏。想拍古城全景不一定要到木王府,也可以去文昌宮門口拍,效果相當不錯。

黑龍潭
玉龍雪山倒影最佳拍攝地

★ 4040248　黑龍潭內的五孔橋很美，文亭在湖中央，還有其他的景點，都很漂亮。在這裡還可以拍到美麗的雪山、潭水和綠樹藍天。

★ Grace961020　第一次去黑龍潭因為天氣不好，什麼都沒看到，這一次天公作美，親眼目睹雪山的水中倒影、藍天白雲以及黃色的樹，真是美極了！

門票和開放時間

門票：免費，但需要出示古城維護費收據。

開放時間：7：00 ～ 19：00。

進入景區交通

位置：麗江古城北端象山腳下。

交通：在古城內沿四方街徒步 15 分鐘即可到達，或自大水車入口沿新大街直走即到。若在古城附近搭計程車，不用跳錶就能到達。

　　黑龍潭又叫玉泉公園，位於麗江古城北端象山麓，兩股泉水從象山腳下的古栗樹下湧出，匯成面積近 4 萬平方公尺的水潭，泉水清澄透徹，景色幽雅，潭畔花草樹木繁茂，樓臺亭閣點綴其間，風景秀麗。相傳在很久以前，有 10 條蛟龍常於人間作惡，呂洞賓收服其中的 9 條，鎮壓在市區拓東古幢（即古塔）下，留下 1 條小黑龍住在這裡，要其為民謀利，黑龍潭便由此而得名。

　　黑龍潭水質清如翠玉，水冬暖夏涼，養人肌膚，每逢嚴冬零下天氣，滿潭飄浮著白霧似的水蒸氣，展現出一幅如仙境般的美景。在大門的正面高懸「玉泉公園」四個字，筆法蒼勁有力，氣韻非凡，為著名畫家吳作人先生所書；門左右兩側各有一尊雄壯的石獅子，為蹲踞狀，顯得威武雄健。

　　進入公園門，沿左側五彩石鋪就的小道緩緩行進，約數百公尺處，便可看到一座長10多公尺的廊橋，即「鎖翠橋」，橋下有3條小瀑布，翠液飛迸，故取名「鎖翠」。站在「鎖翠橋」上向北望去，遠處銀雕玉塑的玉龍雪山懸浮在一片白雲上，近處泉水清澈，玉泉如一面碩大的明鏡，藍天、白雲、雪峰、古樹，全都倒映在其中，景色迷人。

> 攻略
>
> 1. 在公園中的玉帶橋上，只要在岸邊跺腳、用力拍手或大聲說話，就能看到有氣泡汨汨冒出水面。
> 2. 黑龍潭潭水清澈見底，而且冬暖夏涼，有護膚功效，據稱飲用這裡的泉水有驅寒理氣、調節腸胃的功能。
> 3. 此處也是東南文化研究所的所在地，研究所擁有2萬多冊珍貴的東巴經和古文物，記錄納西族東巴文化的發展變遷。
> 4. 沒有古城維護費憑據的話，可以在7點前或19點後進入，此時便無人看守。

公園內有漢祠、唐梅、宋柏、明墓，稱為「四美」。此外，清乾隆二年（1737年）在潭邊建成玉泉龍神祠，清嘉慶十七年（1812年）和光緒十五年（1889年），玉泉2次被皇帝敕加「龍神」封號，成為中國名泉。後來又修建得月樓、戲臺、萬壽亭、五孔橋等園林建築，新建象山步道；之後遷入明清古建築——五鳳樓、解脫林、光碧樓、忠義坊石獅、文明坊、一文亭等園林建築，中國著名的歷史學家——方國瑜教授的墳墓安放在黑龍潭周圍的靜謐山林中。

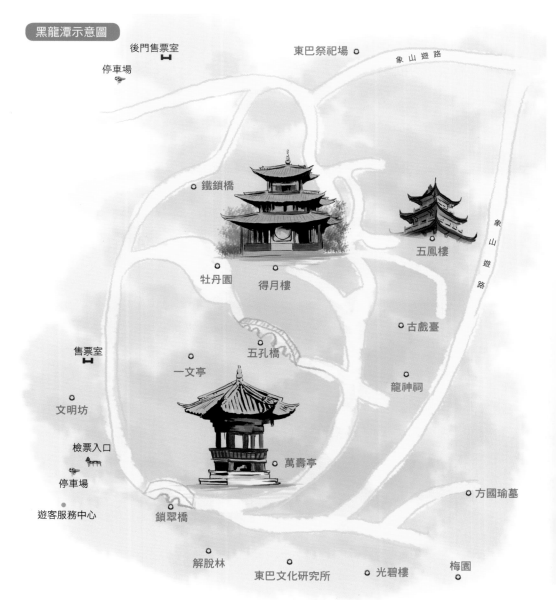

黑龍潭示意圖

後門售票室　　　東巴祭祀場　　象山遊路

停車場

鐵鎖橋

五鳳樓

象山遊路

牡丹園　　得月樓

古戲臺

售票室　　　　五孔橋

一文亭

龍神祠

文明坊

檢票入口

停車場

萬壽亭

方國瑜墓

遊客服務中心　　鎖翠橋

解脫林

東巴文化研究所　　光碧樓　　梅園

攻略
　　公園內景點以龍潭倒映十三峰最著名，有對聯：「龍潭倒映十三峰，潛龍在天，飛龍在地；玉水縱橫半里許，墨玉為體，蒼龍為神。」專門描寫其景色，很值得看。

　　五鳳樓地處黑龍潭的北端，因其建築形製酷似 5 隻飛來的彩鳳而得名。此樓通高約 20 公尺，從頂部俯瞰地基，整體呈「亞」字形狀，是典型的佛教平面布局。這座木結構古建築共有 3 層，為三重簷構造，每層樓臺有 8 個尖頂翹角，頂部天花板上用豔麗色彩描繪出龍鳳呈祥、飛天神王、太極八卦等圖案，憑欄上有精巧的彩繪雕花和鏤空設計，可看性極強。在風格上，五鳳樓既融合漢、藏、白、納西等民族的特質，又保持內部裝飾及外部構造的和諧統一。

解說
　　五鳳樓原址在距離麗江 11 公里處的「解脫林」福國寺內，1979 年遷址到黑龍潭。傳說有一位英雄為拯救納西族英勇出戰，降妖伏魔，福國寺五鳳樓就是為紀念他而建。

束河古鎮
雪山下的世外桃源

網友推薦

★納西人　雖說束河古鎮的布局和麗江古城相同，但卻少了那份喧嘩嘈雜，使得這裡的空氣都透著一股安逸、靜謐。

★太好玩客　到束河古鎮能領略到很休閒的時光，漫步街中，特別是在夜晚，在燈火通明裡，會發現很多打動人心的夢幻。白天的束河也別具一格，在青石板鋪成的道路上散步，聽著清脆的水聲流過，彷彿置身在仙境中。

門票和開放時間

門票：免費。**開放時間**：全天。

進入景區交通

位置：麗江市古城區束河路束河鎮。

交通：1.計程車：可在麗江古城口搭計程車直接到束河古鎮，車資約為人民幣 20 ～ 25 元，約 20 分鐘到。

2. 公車：在麗江古城大水車處出古城，在百信商場對面乘坐 11 路公車。

3. 麵包車：到民航售票中心對面的麗客隆超市乘坐微型麵包車前往，人民幣 2 ～ 3 元／人，約需 30 分鐘。

4. 自行車：如果想騎自行車前往，可以沿著麗江香格里拉大道一路向北，左轉，沿束河路前往到路口，再右轉進入束白路，繼續往前騎即可到達束河古鎮。

漫步於束河古鎮古街，或休憩於古樸的茶吧，品一壺龍泉水沏成的香茗，讓人感受到一股濃郁的文化氣息，更加純樸的納西風情，也可融入到農戶家裡，體驗納西人悠閒自得的田園牧歌生活。束河古鎮以其獨特的自然景觀，淳厚的古風民俗，每天吸引著來自各國的觀光客前往。

「紹塢」是束河的納西名，意為「高山下的村寨」，因村後聚寶山形如堆壘高峰而得名。古鎮依山傍水，古色古香的農居井井有條，與麗江古城相比，這裡顯得更加幽靜和原始。古鎮中心建有長 32 公尺、寬 27 公尺的四方廣場，構造與麗江古城的四方街相似，同樣可以引水洗街。古鎮上最漂亮的地方是青龍橋一帶，青龍河從束河村中央穿過，建於明代的青龍橋橫跨其上，頗有「小橋流水人家」的意境。

束河有著著名的八景，分別是煙柳平橋、夜市螢火、斷碑敲音、西山紅葉、魚水親人、龍門望月、雪山倒映、石蓮夜讀。

❶ 青龍橋

青龍橋位在青龍河上，建於明朝萬曆年間，距今已有 400 多年歷史。西面就是聚寶山，青龍橋的中軸線正對著聚寶山，由木氏土司所設計，也是木氏土司鼎盛時期的標誌性建築。橋長 25 公尺、寬 4.5 公尺、高 4 公尺，全部由石塊壘砌，被列為麗江古石橋之最，可見束河在麗江的歷史上和經濟文化格局中，占有重要地位。

❷ 四方街

四方街位於古鎮中心，是一個占地 200 多平方公尺的廣場，四周均為店鋪，古老的木板門面以及暗紅色的油漆，透露著一份古樸韻味。四方街長寬不過 30 幾公尺，卻有 5 條道路通向四面八方，水流環繞，日中為市，為麗江壩子最古老的市集。在這裡，逛夜市的人手裡舉著螢光棒，穿行在青龍河畔，如夏夜流螢，稱為「夜市螢火」，被列入束河八景之一。

❸ 大覺宮

在束河村古街旁，有建於明代後期的四合院，大覺宮茶馬古道博物館就在其中。大覺宮是明代建築，主殿雖不高大，但建築結構勻稱和諧，四角房檐高挑，額坊樑柱飾以各種鳥獸浮雕。

大覺宮外植有緋紅櫻花，宮內存有明代壁畫，此處壁畫與麗江白沙壁畫是同一個時代的作品。宮內壁畫共有9幅，以漢傳佛教為題材，主要描繪菩薩、羅漢、諸天、天王、天女等聖眾禮佛的場面。壁畫中人物體態多豐滿，沿襲唐朝以胖為美的風格，展現唐風的特色。

> **攻略**
>
> 大覺宮壁畫放置在一個小四合院的牆壁上，壁畫斑駁古舊，僅存數量少於10幅。為防止光線破壞壁畫，室內不能開燈，要走近才能細細揣摩作品。

❹ 九鼎龍潭

在古鎮沿街向北走100公尺，可找到束河溪流的源頭「九鼎龍潭」。九鼎龍潭又稱龍泉，龍泉山下古樹參天，一道好水積成九鼎龍潭，潭水清澈晶瑩，水草曼舞，游魚逍遙，玉龍雪山倒映其中，清姿傲岸，意境無窮，成為束河八景之一——雪山倒映。

束河古鎮示意圖

龍潭上端有一座寺廟，名叫「三聖宮」，西殿供奉觀音，北樓供奉龍王，南樓供奉皮匠祖師孫臏。在月明夜，登樓賞月最有風味。

> **解說**
> 龍潭雖深近 10 公尺，但是清澈見底，游魚眾多。傳說潭中的魚群一旦出了龍潭，在其他水中就無法存活。雖然這些魚的味道鮮美，但目前已經禁止捕撈。

❺ 西山紅葉

束河西山上有很多漆樹，每到秋天，樹葉鮮紅，秋光燦爛，令人賞心悅目，在束河八景中，稱為「西山紅葉」，最為動人。

❻ 石蓮夜讀

束河西山的最南邊就是松雲村，後邊有石蓮山，山上有個山洞，像老虎張開的大嘴，為了震住老虎的威風，當地人在洞口建築一個寺廟，叫石蓮寺，其中有一根柱子是用鐵鍊拴著。民國時期曾經辦過夜校，讀書人圍火夜讀，叫做「石蓮夜讀」，被列入束河八景。

❼ 四方聽音

束河的四方街分為新四方和老四方，新四方就是束河八景之一的「四方聽音」。無論何時，只要走到四方聽音的廣場上，就可看到舞臺上一個女孩喊著節奏，比劃著示範動作，帶領圍在廣場上的遊客一起打跳。

四方聽音是束河的一個重要標誌，通常麗江的重要活動都會在這裡舉行，如著名的雪山音樂節、納西的「三多節」慶典等，都從此處開始。

> **攻略**
> 1. 束河古鎮的新四方街晚上，會舉辦篝火晚會，大家手牽手一起唱跳，有興趣的話可以加入到隊伍當中，一起跟著節奏跳。
> 2. 四方聽音是集酒吧、中西餐廳於一體的開放式區域，如果起得早，可在街邊小店內品嚐白米糕、炸馬鈴薯、炸餌塊等當地人的早餐。

❽ 飛花觸水

在古鎮內穿過一條狹長的小巷，會突然看到一片水面、一排垂柳和幾間酒吧，飛花觸水正在此處。飛花觸水景區位於束河的酒吧區，轉過四方聽音就到。木造的小橋架在綠波盈盈的水面上，兩岸開滿楸木花，所以取名為「飛花觸水」，多間大大小小的酒吧就位在水岸花樹間。

> **攻略**
> 這裡是束河最熱鬧的地方，著名的媽媽咪呀餐廳和小吧黎酒吧就在河的兩岸，可挑個臨水的餐廳坐下，開一瓶當地特有的「風花雪月」啤酒，開懷暢飲。

 **攻略**

　　束河古鎮較為安靜、休閒，住宿價格大多低於麗江古城，標準客房價格在人民幣百元左右。古鎮內 200 多家客棧多分布在古鎮的新區、舊區與郊區，從世界頂級的度假村悅榕山莊到每人平均一晚人民幣 30 元一個床位的國際青年旅舍，再到納西民居，選擇多樣。

　　麗江束河日光傾城客棧：客棧內環境優雅，有池塘和草坪，金魚和花香，還有原汁原味的納西庭院，設有專門的音樂咖啡廳、讀書聊天區、觀景露臺等公共區域，十分適合休閒，客棧位置優越，距離茶馬古道博物館、九鼎龍潭等景點很近。

　　地址：麗江束河古鎮東康七組 18 號

　　麗江束河水月雲天精品度假酒店：酒店內有 24 間精緻的客房，配備齊全，有免費無線 Wi-Fi 網路，設有餐廳、茶室、酒吧，位在 3 樓的雪露亭，能將周邊景致及玉龍雪山盡收眼底。

　　地址：束河古鎮街道辦事處開文居委會東康村 33 號

美食 老饕一族新發現

　　束河古鎮得天獨厚的自然資源醞釀出無數美食，在古鎮上有很多可以用餐的地方，沿著小河，河邊開設許多酒吧和餐廳，有納西風味的菜，也有中西餐廳，主要美食有虹鱒魚、束河涼粉、農家火腿、米灌腸、酸菜炒洋芋、土酒等。特色餐廳有：

　　粗茶淡飯：為閩菜餐廳，老闆是福建武夷山人，做的菜口味清淡，非常精緻，推薦茄子煲、茄盒等。

　　位置：束河古鎮茶馬古道博物館斜對面。

　　壹餐廳：餐廳老闆是臺灣人，個性隨和，與當地居民和顧客打成一片。特色菜有納西雜鍋菜、杜鵑花炒蛋。

　　位置：束河古鎮仁里路。

　　呆呆媽媽菜：是一家很好吃的家常菜館，在麗江很出名，價格較高，店裡有自製的酸梅湯，1 杯人民幣 5 元，特色菜有酥牛肉、香菇釀、梅香排骨、脆皮茄子等。

　　位置：束河古鎮仁里路。

　　束河陽光飯館：老闆是寧波人，飯館裝潢典雅精緻，環境舒適，全家聚餐或和朋友們聚會都很合適。這裡以納西菜為主，例如納西烤魚、血灌腸、臘排骨火鍋等都非常不錯。

　　位置：束河古鎮仁里路。

白沙古村
最原始的納西村落

★妖 0725　白沙古村的氣氛很原始，遊客不多，在街道上行走的在地人也不多，整個村落很安靜，適合休閒度假。

★ Elisa_T　無意間走到白沙，真的讓我非常驚訝。這是一座非常古樸的村子，當地的納西老人還穿著民族服裝，村裡的人背著一捆一捆的柴火，好像在歷史書中才會出現的場景。

門票和開放時間

門票：古村免費，白沙壁畫門票人民幣 30 元。

開放時間：全天。

進入景區交通

位置：麗江城北約 10 公里。

交通：

1. 計程車：距離約 8 公里，可包車或搭計程車前往，來回費用約為人民幣 40 元。

2. 公車：可在古城北門百信商場搭 11 路車，或在大研古城南門市一中站乘坐 3 路微型麵包車，到香格里拉大道聯通大廈站，再轉白沙古村專車到古鎮的主街。從白沙古村回大研古城的公車，末班車在下午 5 點左右。

白沙古村位在大研古城以北 8 公里處，是納西族在麗江壩最初的聚居地，明代木氏土司在這裡大興土木，建造了一批大規模的建築群落。而白沙壁畫則是古鎮最富盛名的代表景觀，以「名畫唐風」和「多教合一」的特色備受矚目。

白沙有很多讓人著迷的事物，像麗江古城一樣的小橋流水，湛藍的天空，溫暖的陽光，還有麗江古城所沒有的安靜和閒適，千百年來一直保持著納西族人傳統的勞作和生活方式。

白沙民居建築群分布在一條南北走向的主軸上，中心為一個梯形廣場，一股泉水由北面引入廣場，4 條巷道從廣場通向四方，極具特色。白沙民居建築群的形成和發展為後來麗江古城的布局奠定基礎。

古村裡面有一個非常有名的景點——白沙壁畫，這是明代納西族社會大開放的產物，繪製從明初到清初，先後延續 300 多年。現在尚存的白沙琉璃殿、大寶積宮、大定閣等廟宇中，藏有大批珍貴的壁畫，其中規模最大的當屬大寶積宮。明萬曆年間，畫師們在這裡繪製 558 幅壁畫，最大一幅高 2.07 公尺，寬 4.48 公尺，繪有 167 個人物形象。畫中人物多體態豐滿，沿襲唐朝以胖為美的風格。而同一幅作品中，集合了道教、漢傳佛教、藏傳佛教及東巴教等多種宗教的特點，反映出「多教合一」的罕見畫面。

攻略

1. 古鎮的銅器非常有名，可以購買留作紀念。
2. 正月二十在白沙街東側大殿有祭神活動，當天麗江各民族都會前來拜祭，非常熱鬧。
3. 城內有客棧、咖啡屋和餐廳，主要開在一條不足 500 公尺的主街道上，街邊擺著兜售各種小玩意的攤子。
4. 沿白沙街向北走約 50 公尺，街旁西側有一個古舊的店鋪，門口懸掛有「玉龍雪山本草診所」的木牌。診所主人是一個高齡納西族老人，醫術高超，而且通曉多國語言，遠近聞名，被譽為「麗江三絕」之一。

PART 2
大玉龍景區

玉龍雪山
東巴谷
玉水寨周邊
寶山石頭城

★午夜精靈　坐在車上，透過車窗看到玉龍雪山越來越近，那是我心中的夢想天堂，純潔又神聖，看著看著，心裡好感動。

★華仔　在陽光照射下，玉龍雪山彷彿散發出七彩光芒，從不同角度看有不同的美，奇麗多姿，薄霧輕煙，縹緲雲霞，整座山彷彿天上的仙山，不似在人間啊！

★水影 2007　人世間的美景多不勝數，但像玉龍雪山這樣，能夠縈繞心頭，久久不散的景色並不多見。

門票和開放時間

　　門票（人民幣）：入山費 105 元（學生半價 50 元），玉水寨 50 元，姐妹湖 15 元，玉柱擎天 25 元，玉峰寺 25 元，東巴萬神園 15 元，東巴王國 35 元，洛克故居 50 元，寶山石頭城 20 元，大玉龍套票 230 元（含入山費、東巴谷、玉水寨、東巴萬神園、玉柱擎天、東巴王國、玉峰寺等），有效期為 2 天。進入雪山景區需要出示古城維護費 80 元的收據。

　　開放時間：6：00 ～ 18：00。

　　經過整合後的大玉龍景區包括玉龍雪山以及玉水寨、東巴谷、玉柱擎天、東巴萬神園、東巴王國、玉峰寺等景點，「大玉龍」之旅不僅能領略玉龍雪山的神奇秀美，還能在玉水寨、東巴谷等景點，體驗濃郁的納西民族文化。

◆ 玉龍雪山

在納西族的傳說中，玉龍雪山是「三多神」的化身，所以在納西族人心目中，玉龍雪山是一座神山。玉龍雪山是一座北半球緯度最低，有現代冰川分布的高山，由 13 座山峰組成，海拔均在 5000 公尺以上，主峰扇子陡海拔 5596 公尺，是雲南第二高峰。由於主峰山勢陡峻，異常雄偉，只有飄渺的雲和霧可以靠近，迄今仍是無人登頂的「處女峰」，引起人們無盡的遐想和探奇的願望。

◆ 玉柱擎天

玉柱擎天位在玉龍雪山南麓，是歷代土司消夏避暑的夏宮所在地。景區集雪山、玉湖、摩崖石刻、納西族殉情聖地、玉龍書院、神泉等自然風光於一體，東巴文化、藏傳佛教和豐富多彩的民族風情交相輝映，是人們安放心靈的家園，靈魂皈依的淨土。

◆ 玉水寨

玉水寨位在麗江白沙，面向美麗的麗江壩，背靠雄偉的玉龍雪山，為納西族東巴教的聖地，白沙古村水系的源頭，也是納西文化的發源地之一。

◆ 文海

文海是玉龍雪山下的一個季節性旅遊景點，在秋、冬兩季，文海湖滿眼碧水，如同一個巨大的綠寶石；到初春時節，滿湖綠波碧水逐漸被芳草野花取代，冬時的巨大綠寶石，轉眼間變成一個五顏六色的野花海洋。湖周圍有文海村、玉湖村、龍女湖、姐妹湖、北嶽廟等景點。

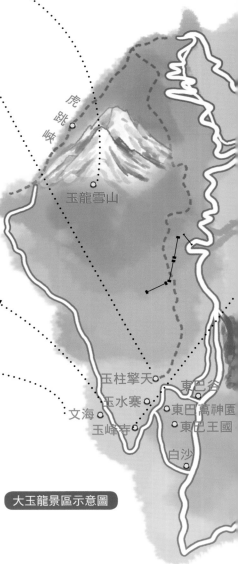

虎跳峽

玉龍雪山

玉柱擎天　東巴谷
玉水寨　東巴萬神園
文海　　東巴王國
玉峰寺
白沙

大玉龍景區示意圖

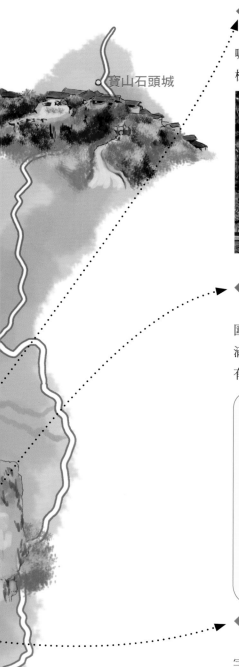

寶山石頭城

◆ 玉峰寺

　　玉峰寺位在玉龍雪山南麓，是麗江城郊五大喇嘛寺之一，因有一株被譽為「環球第一樹」的山茶樹而聞名遐邇。

◆ 東巴萬神園

　　東巴萬神園位在玉峰寺旁，背靠玉龍雪山，周圍青松綠草環抱，芳草茵茵，百花爭豔。園區內布滿各種具有納西特色的雕塑，在造型和內容上，都有別於其他國家的傳統神像和雕塑。

> **旅遊小 Tips**
> 1. 上山前要做好防寒和防高山症的準備，可以準備熱量高的食物，比如巧克力、乾糧、牛肉乾之類。
> 2. 上山時穿一件毛衣和外套就行，風大的時候要租羽絨服，有高山症者可租氧氣袋，押金約人民幣 100 ～ 200 元。需要注意的是，氧氣袋如果連續放氣的話，只能支撐 3 分鐘。
> 3. 景點處經常會檢查古城維護費和各項收據，所以票據一定要保管好。

◆ 東巴王國

　　麗江東巴王國占地 10 萬餘平方公尺，由象形文字廣場、五谷橋‧神海、門戶區‧法杖、神路圖、納西文化圖騰廣場和納西先民古村落五部分組成。

住宿攻略

　　許多人遊覽玉龍雪山會在麗江古城內住宿，古城裡的小客棧都富有情調，硬體設備也不錯，而且大多有院子，在客棧的院子裡，品茗或喝一杯咖啡，頗有「偷得浮生半日閒」的感覺，各間客棧都有獨特風格，可依照個人喜好和預算，挑選入住地。想要更清幽的居住環境，也可以選擇住在束河古鎮。

玉柱擎天

　　麗江玉嶽客棧（0888-5330116）位在玉柱擎天所在的玉湖村，酒店裝潢自然質樸，老闆一家待客熱情，會主動招呼客人飲酒、用餐，讓人感受到質樸的納西民風。

文海

　　麗江文海第一家客棧（位在文海村口，近文海路，13508885151），客房整潔，寬敞明亮，環境衛生，供應基本的盥洗用品，服務周到，方便入住，標準房間的價格約人民幣 130 元左右。

寶山石頭城

　　麗江石頭城木家客棧（13578372040），所在的地理位置良好，坐在 2 樓木造走廊上，可以看到城外的梯田，視野開闊。

 ## 美食攻略

　　玉龍雪山地區的美食以納西菜為主，具有代表性的納西菜有三疊水、八大碗、至高部，菌菇類如松茸和雞肉絲菇、羊肚菌，不僅名貴，而且味美滋補。鮭魚和臘排骨雖不能稱為代表性的本地菜，仍深受眾多饕客喜愛。

　　玉水寨內有貴賓餐廳和團隊餐廳兩個餐飲服務部門。貴賓餐廳地處玉水寨景區北部，主要提供納西族傳統菜餚和特色料理，其中最著名的就是鮭魚，所用的魚是在景區內水源頭區域所養殖，肉質鮮美、嫩滑爽口，營養價值極高。

玉龍雪山
可親近的極南雪山

★四葉草風鈴　玉龍雪山的美很難單純用語言來形容，從沒見過這樣一個美得像幅畫的地方，純粹又天然，但願這獨特的氣質能夠長久留存。

★○自由○　在束河古鎮上就可以遠遠看見玉龍雪山的俊美姿態，山頂有冰川，非常漂亮，推薦大家一定要親自去領略它雪白聖潔的美。

門票和開放時間

門票（人民幣）：大玉龍套票 225 元（含進山費、東巴谷、玉水寨、東巴萬神園、玉柱擎天、 東巴王國、玉峰寺等），進山需出示 80 元古城維護費收據。**開放時間**：9：30 ～ 16：00。

最佳旅遊時間

玉龍雪山的最佳旅遊季節為每年的 2 ～ 6 月，此時草木復甦，冰川雪山很壯觀，如果要看純粹的雪山景觀則為冬季最佳。此外，每年 7 ～ 9 月是玉龍雪山的雨季，雪山整個隱藏在霧氣中，影響觀賞，最好避免這個時段來此遊覽。

進入景區交通

位置：麗江市北 15 公里處的納西自治縣內。

交通：1. 包車：從麗江去玉龍雪山，每車約人民幣 200 元（往返）。

2. 巴士：每天上午有發往玉龍雪山的直達班車，可以先上網購買直達車票，乘車地點會在出發前一晚確定，往返票價約 40 元人民幣。

3. 計程車：乘坐計程車的話，單程約 80 ～ 100 元人民幣。

4. 公車：乘坐 7 路公車，事實上官方的 7 路公車已改線。而如今古城北門旁的紅太陽廣場，仍有很多當地私人營運的小巴車，掛上 7 路公車的牌子載客，乘坐到景區單程 15 元人民幣，晚上最晚回程時間約為 17：30。

玉龍雪山因為山體氣候垂直分布，植被和自然景觀極其豐富。雪峰下有高山草甸，犛牛在廣袤的原始森林旁悠然散步，遠處的木楞房裡不時傳出藏族姑娘的歌聲，在這裡可以見到冰川、峽谷、瀑布，還有在不同高度依次開放的杜鵑花。

❶ 甘海子

進入景區後的第一個景點就是甘海子，這裡是個天然草原牧場，海拔在 3100 公尺以上。整個大草甸全長 4 公里，寬 1.5 公里，有遼闊的草原和大片的松樹，各式各樣的奇花異草盛開，生活著多種珍稀的野生動物，一派世外桃源的美景。在高聳入雲的玉龍雪山東坡面前，有這樣一個大草原，為旅行者提供一個觀賞玉龍雪山的好地點，從這裡望去，玉龍雪山、扇子陡等山峰歷歷在目。

攻略

1. 甘海子是玉龍雪山景區的遊客中心，是景區班車的停靠站，有旅館、飯店、商店等旅遊設施，這裡還有高爾夫球場和藍月谷劇場。
2. 甘海子是觀賞及拍攝玉龍雪山的絕好場地，可以看玉龍雪山十三峰從北向南依次排開。

連結

《印象麗江》

《印象麗江》是由著名導演張藝謀執導的一部大型實景演出劇，分《古道馬幫》、《對酒雪山》、《天上人間》、《打跳組歌》、《鼓舞祭天》和《祈福儀式》，共 6 大部分。這部大型實景劇以講故事為主，同時還融入大量納西族和摩梭人的民族元素，讓每一位觀眾都能真實地感受到特殊情感。

演出時間：每天 10：30 和 13：30 演出兩場（雨季、遇惡劣天氣視情況而定），每場 1 個半小時。演出地點：玉龍雪山甘海子藍月谷劇場。演出票價（人民幣）：普通座 190 元，貴賓席 260 元，旺季時門票會相當搶手，一位難求，最好提前在網路上預訂，或請客棧幫忙先訂票。

❷ 冰川公園

　　欣賞完甘海子的美景後，可以乘坐大索道前往冰川公園。冰川公園位在玉龍雪山主峰扇子陡的東北坡處，景區內的冰川是玉龍雪山現代冰川的典型代表。玉龍雪山的中段共有 19 條現代冰川，總面積達 11.61 平方公里，其中長 2.7 公里、形成於 4 萬年前的「白冰一號」冰川最為著名。「白冰一號」位在扇子陡的正下方，冰舌部分的冰塔林就像一把把刀戟，在陽光的照射下不白反綠，被稱讚為「綠雪奇峰」。

攻略

1. 玉龍雪山共有 3 條索道，大索道海拔最高，可以到雪山的懷抱裡，近距離接觸山上的雪和緯度最低的冰川，適合沒有機會賞雪、玩雪的遊客。
2. 犛牛坪（中索道）海拔次之，從這裡可以觀賞到玉龍雪山十三峰，也是欣賞日出和山花野草的好地方，適合喜歡攝影的朋友。
3. 雲杉坪（小索道）海拔最低，可以欣賞雪山側面和原始森林，傳說中的納西青年殉情聖地玉龍第三國就在這裡，適合怕高山症不適的朋友。
4. 索道只需選擇其中一條遊玩，任意一條都可途經去藍月谷、甘海子、東巴谷、玉水寨、東巴萬神園、《印象麗江》等景點。
5. 索道的頂部還有棧道，如果體力不錯，還可以再往上走，最高能到達海拔 4680 公尺處。

玉龍雪山示意圖

中索道

犛牛坪

5 上黑水

4 雲杉坪

上索道

上白水

藍月谷

3

白水河

1 甘海子

務中心 遊客服

高爾夫球場

2 冰川公園

大索道

印象麗江

裸美樂

▲ 扇子陡

售票處

東巴谷

玉柱擎天

玉湖村

玉水寨

文華村

玉峰寺

東巴萬神園

東巴王國

玉龍村

至麗江

❸ 藍月谷

從甘海子往北約 5 公里，山下有一條從雪山流出的河水，就是白水河。因河床、臺地都由白色大理石、石灰岩碎塊組成，呈一片灰白色；清泉從石上流過，亦呈白色，因色得名「白水河」。晴天，白水河河水的顏色是藍色，而且山谷呈月牙形，遠看就

像一輪藍色的月亮鑲嵌在玉龍雪山腳下，因此這裡也叫藍月谷景區。

藍月谷中的河水在流淌過程中，因受山體阻擋，形成四個較大的水面，人稱玉液湖、鏡潭湖、藍月湖和聽濤湖。湖岸四周綠樹繁茂，湖水湛藍，透明得像寶石一樣動人心魄。白雲連橫，浮於山際，倒影在湖面，如夢幻影，彷彿仙境。

攻略

1. 在玉龍雪山景區內，從雲杉坪索道處往下步行幾百公尺便可到藍月谷。從麗江前往雲杉坪的路上，也會經過藍月谷。
2. 白水河的水來自 4000 ～ 5000 公尺高處的冰川，雪原融水，清冽冰涼，無污染，是天然的冰鎮飲料，可以接一杯品嚐。
3. 無論什麼季節，白水河的水始終寒冷徹骨，傳說相戀的人若能在水中站立 5 分鐘，就會對愛情忠貞不渝，體力好的人可以試一試喔！

網友按讚 👍 baixiao1767　藍月谷是一個很美麗的地方，綠水、藍水或是白水，我們甚至不能準確的判斷或表達那水的顏色，只是沁人心脾的涼，溪水潺潺，大概是所到之處，唯一沒有過度開發的景區吧！

❹ 雲杉坪

雲杉坪距離藍月谷不遠，徒步可到雲杉坪索道（小索道）下站。雲杉坪面積約 0.5 平方公里，海拔約 3000 公尺左右。雪山如玉屏，高聳入雲；雲杉坪環繞如黛城，鬱鬱蔥蔥。在雲杉坪周圍的密林中，樹木參天，枯枝倒掛，枝上的樹鬍子，林間隨處橫呈的腐木，枯枝敗葉，長滿青苔，好像千百年都沒人來打擾過，就像一個天然的樂園。

1. 乘上建在白水河山莊的登山纜車，只需 10 分鐘就可以將你送到纜車上站，然後再沿著林間鋪設的木板棧道，或騎上當地彝家姑娘出租的麗江小馬，就可以到達玉龍雪山的又一佳境──雲杉坪。
2. 在雲杉坪四周會看到穿著「披星戴月」服飾的納西族姑娘，和頭戴彩線羅鍋帽的彝族姑娘輕歌曼舞，可以借穿她們的民族服裝在此留一張紀念照，也可與她們一起跳民族舞。
3. 玉龍雪山終年能滑雪，可以乘玉龍雪山大索道直上海拔 4506 公尺的四季滑雪場（往返纜車，人民幣 170 元）內滑雪。

犛牛坪

犛牛坪位在雲杉坪以北 15 公里處，景區內分布有彝族、藏族村落，村民多以牧業為生，民風古樸。犛牛坪為典型的草甸牧場景觀，高山雪原風光與黑水河溪流作伴，與天然幽靜古樸的原始森林景觀為群，層次分明，多彩多姿。

聽當地人介紹，犛牛坪真正好玩的地方其實在山谷裡，遠離人群，還有一處積雪融化匯成的小湖，可以真正享受與世隔絕的幽靜。這裡春季繁花似錦，夏季綠草如茵，秋季草坪豐茂，冬季銀裝素裹，儼然一幅具有強烈層次感的油畫。

一米陽光的美麗傳說

美麗的納西女子開美久命金和男子朱補羽勒盤深深相愛，卻遭到男方父母的極力反對，傷心絕望的開美久命金殉情而死。朱補羽勒盤衝破重重阻撓趕來，已是陰陽兩隔，悲痛中，燃起熊熊烈火，抱著情人的身體投入火海，雙雙化為灰燼。

開美久命金死後化為「風神」，在玉龍雪山頂上營造一個情人的天堂：沒有苦難、沒有蒼老、無比美好的玉龍第三國。開美久命金和朱補羽勒盤是納西傳說裡，最早殉情的一對戀人。

後來，民間逐漸相傳，在麗江玉龍雪山頂上，每到秋分的時候，上天就會撒下萬丈陽光，這一天，所有被陽光照耀過的人們都會獲得美麗的愛情和美滿的生活。但是容易招來風神的嫉妒，因此，每到這天，天空總是烏雲密布，人們的所有夢想都被那厚厚的雲層所遮蓋。

風神善良的女兒因為同情渴望美好生活的人們，就在那天，偷偷的把遮在雲層裡，給人們帶來希望和幸福的陽光剪下一尺，撒在陡峭懸崖峭壁上的一個山洞中，讓那些愛情的勇者和對愛情執著，同時又不懼怕困難和危險的人們，可以在那天得到那一尺陽光的照耀，而因此過上幸福美滿的生活。

攻略

景區交通 遊遍景區好 easy

環保車：7 路車到大索道下部站停車場下車，還需要乘坐環保車才能到達真正的索道站，環保車價格均為人民幣 20 元／人。環保車包括路程為從售票處至索道站，中途可停靠多個景點，當天內可多次使用，若換乘其他索道不需重覆支付。

索道：玉龍雪山有 3 條索道，即犛牛坪中索道、雲杉坪小索道和新近開發的大索道，乘大索道可一直通向冰川公園。大索道 182 元（含 2 元保險，至冰川公園），雲杉坪索道 55 元（雙程），犛牛坪索道 60 元（雙程），景區電瓶車費 20 元。（皆為人民幣）

行程推薦 智慧旅行勝導遊

玉龍雪山一日遊：甘海子—冰川公園—藍月谷—雲杉坪。遊覽完甘海子，在遊客中心購買環保車票至大索道下部站，需 20 分鐘左右，乘大索道至冰川公園後，可步行深入遊覽玉龍雪山。乘環保車至藍月谷，遊覽後步行至雲杉坪索道站，可步行或乘索道上去。

完成主峰遊覽下索道後，如果體力允許，可按照景點標示，坐車遊覽玉水寨、東巴萬神園以及玉峰寺等景點。

東巴谷
山水佳人和諧俱美

★ lucy　東巴谷真的不錯，谷口既可以騎著犛牛照相，又可以眺望玉龍雪山，使人感覺非常震撼。

★翻山越嶺　這裡有著很濃郁的民俗風情，在城市住久了，可以來此感受不同的風情。

門票和開放時間

門票：含在大玉龍套票內。

開放時間：8：30 ～ 22：00。

進入景區交通

位置：麗江市玉龍納西族自治縣玉甘路（近玉龍雪山）。

交通：可在麗江古城包車前往。

東巴谷位在玉龍雪山腳下，是一個自然生態大峽谷，為遠古造山運動時期撕裂的一個斷裂谷。谷長9公里，裡面峭壁懸崖鬼斧神工，山洞林立森然如夢，再雜以各種鐘乳、枯藤、怪樹、奇石、珍禽、鳴鳥、飛瀑，被當地人發現後稱為東巴谷，納西語叫「裸美落」，漢語是「好大一個谷」的意思。

走進東巴谷，迎面看到的就是一個略為寬大的東巴廣場和它背後狹長的「匠人街」，廣場上歌舞不斷，衣裙斑斕、神采飛揚的各民族少女和年輕人熱情的載歌載舞，歡迎每一位來到東巴谷的遊客，令這原本幽靜的山谷成為一個絢麗的歡樂谷。幾個少數民族的院落像撒落的珍珠，串連在匠人街兩邊，在這裡，遊客們可以與主人互動，盡情體驗原生態的民族民間文化。

走出匠人街，跨過名為「臨波橋」的吊橋，橋下就是湛藍的裸美湖，遠處是煙波飄渺、若隱若現的玉龍雪山，前面是綠色的森林浴道，這條林中的曲折小路上有各種枯藤、怪樹、奇石、珍禽、鳴鳥，景色優美，行人稀少，是一個名副其實的生態文化園。

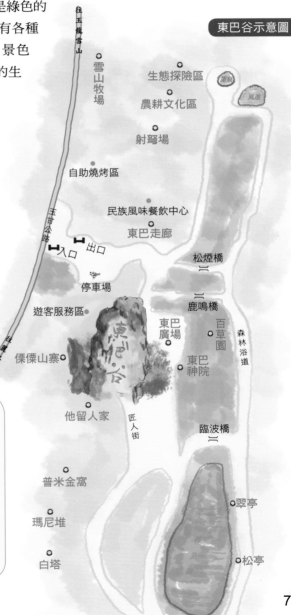

東巴谷示意圖

攻略

1. 匠人街兩旁有納西族、傈僳族、他留人、普米族、摩梭族、藏族 6 個少數民族院落，居民的活動猶如平常，做粑粑、烤食品，隨意、自然，也有表演性活動。

2. 東巴谷裡面有 20 多個遊樂項目，例如「搖錢樹」、「打柴禾」、「上刀山，下火海」等遊戲，都讓人留連忘返。

解說　從古至今，世界上以成千上萬卷圖畫象形文字記錄一個民族千百年輝煌文化的，只有納西族的「東巴經」。東巴文被稱為「世界唯一活著的象形文字」，意為「木石上的痕跡」，說明這種文字產生的年代很早（詳細年代無考證），在人類文字發展史上具有重要的學術價值。

玉水寨周邊
雪山腳下的風水寶地

★ 13129　玉水寨山清水秀、風景秀麗、文化蘊味濃厚，距離麗江古城僅需 20 分鐘車程，值得一遊。

★ zhouxinsheng　玉柱擎天是人稱玉龍山下第一村的地方，千年古樹遮天蔽日，上下深潭瀑布蔚為壯觀，藍天白雲，碧水青山，秀甲一方，讓人心曠神怡，留連忘返。

門票和開放時間

門票：含在大玉龍套票內。**開放時間**：8：00 ～ 18：00。

進入景區交通

位置：麗江市區東北面的寧蒗縣北。

交通：自助遊者多半會把「三玉三東」這 6 個景點合在一起遊覽，或者選擇其中幾個遊覽，可在古城內包車前往，費用為每天人民幣 200 元左右。

其他方式：

玉柱擎天：距古城 15 公里，只能乘坐計程車或包車前往，價格為 100 元人民幣／車。或從白沙搭乘到玉峰寺，到玉峰寺後讓司機再送一程，車費大概 20 元人民幣。

玉水寨：在紅太陽廣場乘坐 7 路中巴，至白沙下，價格為人民幣 7 元／人。到了白沙後，還要步行大概 20 分鐘至白沙古村口，在古鎮口乘坐小巴就可以到達玉水寨。

玉水寨與玉峰寺、玉柱擎天、東巴萬神園、東巴谷、東巴王國合稱「三玉三東」，這幾處景點自然純樸，山水相依，風景秀麗，是具有民族文化特色的風水寶地。

❶ 玉柱擎天

玉柱擎天景區位在玉龍雪山主峰南麓，也是人稱玉龍山下第一村的地方——玉湖村內，是麗江歷代土司消夏避暑的夏宮所在，景區集巨石壁字、太子洞、觀音岩、雪松庵和千年古樹、上下深潭瀑布、美籍奧地利學者洛克舊居（是他居住和生活 27 年之久的地方）等景點。

玉湖村又名雪嵩村，海拔 2900 公尺，納西語稱其為「姆魯啃」，「姆魯」是玉龍雪山的納西語名字，意為天石（白皚皚的雪山像插入天空的巨石），「啃」是腳下的意思，這座雪山腳下的小村曾是納西人最早居住的地方。

「玉柱擎天」山勢峻峭，古樹森森，池水清澈，又有文物靈泉，登高仰視，玉龍雪山儼然一擎天玉柱，撐起頭上一片藍天；俯首回望，一馬平川、廣闊坦蕩的田園風光盡收眼底。在「玉柱擎天」附近有重新修復，相傳是明代木氏土司吟詩讀書的「玉龍書院」。

1922 年，一個叫約瑟夫・洛克的美籍奧地利人來到麗江，在此地生活、工作的 27 年裡，絕大部分時間都是在這個雪山腳下的小村子裡度過。這位集美國《國家地理》雜誌撰稿人、攝影家及探險家於一身的外國人，採集大量的植物標本，拍攝千餘幅以民族風情為題材的照片，還翻譯大量的東巴經書，並著述《中國西南古納西王國》、《納西語英語百科詞典》，據推測，《消失的地平線》就是以他的著作為背景創作。洛克舊居現已被闢為「洛克舊居陳列館」，陳列著洛克當年拍攝的大量歷史照片，還有留在麗江的一批遺物。

攻略

1. 村內的玉湖是明代以前，由當地旺族派人挖掘的一個人工湖，玉湖中雪水清澈，水草搖曳，藍天白雲襯托著高大的玉龍雪峰倒映在湖中，大自然彷彿沉澱在湖底，這「玉湖倒影」便是著名的「玉龍十二景」之一。

2. 玉湖湖畔有草場萬頃，春夏草長鶯飛，野花萬點閃爍其中，牛鈴叮咚，牧人作歌。深秋嚴冬，牧場草黃，湖中大片蘆葦隨風起伏，瑟瑟響如一片悲秋琴弦，一派蒼茫寒涼景象。

3. 玉湖邊上有一棵桔樹，每年會結出甜得像蜜一樣桔子，人們都說這是龍女變的，因此叫作「龍女樹」。

❷ 玉水寨

　　「山有多高，水有多高」，這是人們對玉水寨的讚譽。玉水寨位在玉龍雪山龍頭腳下，是麗江古城的溯源，也是納西族東巴文化的傳承基地，美國大自然保護協會將它指定為東巴文化傳承基地和白沙細樂傳承基地，進行納西古文化的挖掘、整理、傳承、研究、展示等工作。寨子內有眾多富有民族、地方特色的景觀，如神龍三疊水瀑布群、鮭魚養殖生態觀光、古樹，以及玉龍山最大的神泉、東巴壁畫廊、東巴始祖廟、白沙細樂展示、納西族古建築，還有傳統生活展示、東巴祭祀活動、傳統祭祀場、東巴舞展示、納西族傳統水車、水碓、水磨房、高山草原風光等。

> 攻略
>
> 1. 每年農曆三月五日，都會在玉水寨的東巴什羅廟舉行一年一度的東巴什羅會，並在麗江古城設立白沙細樂院，向廣大民眾展示「音樂的活化石」——白沙細樂。
> 2. 景區玉水潭內飼養著貴族魚——虹鱒魚和金鱒魚，既能供遊客觀賞魚水歡諧的情景，也能體會垂釣的樂趣。

❸ 玉峰寺

　　玉峰寺位在玉龍雪山南麓，是麗江著名的喇嘛寺之一，寺院面積不大，但因春夏交際時會有繽紛燦爛的花季，吸引眾多遊客前來賞花。百花齊放當中，以上院（山茶花院）一株號稱「萬朵茶花」的山茶之王最有名。茶樹是明清成化年間所植，距今已有 600 年歷史，在開花的 100 多天中，先後分 20 多批開放，每批千餘朵，共開 2 萬餘朵，被譽為「環球第一茶花」。寺門口會有一隊當地婦女，用民俗歌舞迎賓送客，也會和遊客們合照。不管你是在現場聆聽歌舞還是拍照，最好給點小費，以示禮貌。

> 攻略
>
> 1. 這裡的「萬朵山茶花」事實上大多只在 3 月盛開，要把握花季去看。
> 2. 寺裡還有一座十里香編製成的牌坊，值得一看。十里香花朵呈月白色，清香豐溢。

❹ 東巴萬神園

　　東巴萬神園位在玉峰寺旁，背靠玉龍雪山，周圍青松綠草環抱，百花爭豔。該園是根據納西先民樸素的人與自然的哲學理念和對人生、世界的精彩想像，嚴格按照天地神靈觀念中陰陽相應、有黑就有白、有神就有鬼而列陣布局。神園正門兩個巨型圖騰與

玉水寨示意圖

比法場
自然神泉　祭天場
玉水緣
麗江源
祭風場　梅園
東巴文物館
桃園　月亮池　貴賓餐廳　廁所
姊妹池
民俗村　停車場
遊客中心
梨園　出入口
溼地草甸
梨園
玉池
納西小吃
傳承展演廳　水力發電站
世界記憶遺產
東巴古籍文獻紀念碑
神門　麗江緣賞石館
辦公室
寨門
遊客中心　至玉龍雪山
下出入口　停車場
停車場

雪山主峰形成一條主軸線，軸線中依次排列，分布著 3 個巨型法杖、長 240 公尺寬 6 公尺的神路圖、2 道神門、3 個東巴尊神；軸線兩邊廣場分為左右兩個區域，分別為神域和鬼域，分別雕刻有 300 多尊自然神、護法神、家畜神及各類風流鬼等巨型木雕。這些雕刻在造型上和內容上，有別於世界上任何一個國家的傳統神像和雕塑。

> **攻略**
>
> 遊客可在東巴萬神園的民俗觀光區瞭解納西先民的生活：參觀從小孩命名、穿成年褲、婚娶、喪事的生活習俗，禮儀和祭天、祭祖、祭風等東巴儀式；欣賞先民們「二牛田」等農耕生活；目睹納西東巴紙的生產過程；品嚐古老傳統方法釀製的東巴神酒；實地參與麻線的紡織、毛革的製作；甚至可以穿上羊皮褂，肩背獵槍，當一次傳統獵人。

> **網友按讚**
>
> 飛天小美豬　東巴萬神園是一個很有民族特色的地方，風景美，有點像拜佛的地方，讓人感覺很神祕。
>
> 香香紅茶　東巴萬神園是一個非常神聖的地方，可以在裡面參觀摩梭人家，一路還有各種小吃，最後可以擊鼓，非常開心！

❺ 東巴王國

東巴王國占地 10 萬餘平方公尺，由東巴文化和古代納西先民村落兩大部分組成，其中，東巴文化又包含兩個內容，一是被世人稱為「唯一活著的象形文字」的世界記憶遺產——東巴象形文字牆；二是被中、外學術界稱為「古代宗教繪畫第一長卷」的「神路圖」。東巴象形文字牆長 99 公尺，高 4.9 公尺，東巴文單字 1400 多個，有天文類、地理類、人文類、人體類、鳥類等；「神路圖」寬 10 公尺，長 250 公尺，列居目前中國大陸境內石雕長卷之最。

寶山石頭城
懸崖上的天險之城

網友推薦

★佳蒂　石頭城內的居民都過著與世無爭的生活，有種世外桃源的感覺。

★賤賤　初見石頭城時，只能用驚豔來形容。爬上石頭城頂的平臺上，會看到大片的梯田環繞，周圍還有很多用土堆圍成的射擊孔，真是神奇啊！

門票和開放時間

門票：人民幣 20 元

開放時間：全天。

進入景區交通

位置：麗江城北 110 公里的金沙江峽谷中。

交通：寶山石頭城沒有公共交通工具，只能包車去，常見是 2 天的行程。從麗江出發，大概 4 ～ 5 個小時到寶山鄉下車，再徒步 1 小時後到達石頭城。

寶山石頭城位在麗江城北 100 公里處的金沙江峽谷中，建於元朝至元年間（1277 ～ 1294 年），比大研古鎮的歷史還要早 200 多年。整座城建在一塊金沙江邊的巨石上，三面皆是懸崖絕壁，一面石坡直插金沙江，僅有南北兩座石門可供出入，是一座真正的天險之城。

沿石城南面小道拾級而上進入，城內房屋井然，巷道縱橫，宅院相鄰，有近百戶人家。石城裡街巷狹窄，但並不閉塞，也無礙交通，人們順勢就地建城，地面不平坦，卻是天然石路。石城裡民居群落，全部隨岩就勢，有的柱礎桌椅等均用天生岩石稍加修琢而成，有的鑿廚中巨石為灶，有的把庭院中的巨石鑿成水缸，有的甚至將房中巨石修鑿成石床，製作出的生活用品可謂巧奪天工，能夠支配和利用自然科學，令人歎為觀止。

解說

住在石城裡的居民善於農耕，把家園建在巨石上，並開墾到巨石外的土地上。他們疊造梯田，興建水利，種植水稻、小麥、玉米等，形成層層梯田環繞著巨石。5 月麥熟，10 月稻黃，碧綠金黃的麥海稻浪托舉著巨輪般的石城，是寶山石頭城最美的季節。

寶山石頭城的梯田還有別具一格的自流灌溉系統，每塊田的下面都修有暗渠，形成一條由暗渠和水口形成的澆灌路線。堵住暗渠口，水便會流灌整塊田地，滿水後打開暗渠口，再堵上灌田水口，水由暗渠流下，便可澆灌下層田塊，水量分配平均。

PART 3
麗江周邊

瀘沽湖
東方神祕的女兒國

★蕪野　瀘沽湖真是絕美之地，美在明淨的天、潔白的雲、清新的風、碧藍的水，美在質樸的人和悠遠的傳說。

★劉備　瀘沽湖美得讓人窒息，一旦踏入這片領域，就害怕自己的足跡會破壞她的美麗。

門票和開放時間

門票：人民幣 100 元；阿夏幽谷人民幣 45 元。**開放時間**：8：00 ～ 18：00。

最佳旅遊時間

瀘沽湖每年的 5 月下旬至 6 月初景色最為迷人，此時繁花盛開，湖水湛藍，大草場也蔚為壯觀。

進入景區交通

位置：麗江市區東北面的寧蒗縣北。

交通：1. 旅遊專線車：麗江古城口玉河廣場停車場處有可抵達大落水村和里格島的專線車。往返車費人民幣 160 元，單程人民幣 100 元，早上 8：00 發車，車程約 6 ～ 7 小時。

2. 班車：麗江高快客運站每天有兩班車發往瀘沽湖大洛水村，分別是 8：30 和 9：30，車程約 6 ～ 7 小時，車費約人民幣 80 元；麗江新客站每天也有兩班車發往瀘沽湖大洛水村，分別是 9：00 和 10：00，車程約 6 ～ 7 小時，車費約人民幣 77 元。

3. 包車：麗江包車到瀘沽湖，車型不同，價格不等，約在人民幣 600 元～ 1000 元之間，車程約 6 小時。

瀘沽湖景區位在雲南與四川交界處，是中國大陸境內最清澈的高原湖泊。納西族摩梭語「瀘」為山溝，「沽」為裡，「瀘沽湖」即為山溝裡的湖，住在瀘沽湖周邊的是摩梭人，摩梭人是中國大陸境內唯一仍存在的母系氏族社會部落，實行「男不娶，女不嫁」的「走婚」制度，被譽為「世界最後的女兒國」。

瀘沽湖面積約 50 餘平方公里，狀若馬蹄，水質純淨，水深最大能見度 12 公尺。每天清晨晨曦初露的時候，湖水如染，一片金紅，而朝陽徐徐上升時，湖水則為翠綠，待夕陽西下，又成一片墨綠。湖四周山嶺岡巒，

攻略

1. 到瀘沽湖遊玩可以參加旅行團或自助遊，如果是自助遊的人，可以請客棧老闆推薦行程和交通方式。
2. 到瀘沽湖，可以沿著環湖的公路徒步或騎自行車，一來可以欣賞瀘沽湖周圍的景色；二來也可以看看當地居民獨特的木楞房和四合院，瞭解神祕的摩梭風情。
3. 可以搭乘豬槽船遊瀘沽湖，並登上湖中小島，和水鳥做近距離接觸；或是划船到草海的中心，在蘆葦叢中穿梭飄盪。

湖岸多為衝擊而成的扇形沙灘，湖中島嶼眾多，形態各異。瀘沽湖水清島美山靈秀，群山中尤以格姆女神山為首，其海拔 3800 公尺，酷似一頭獅子靜臥於北面，是當地摩梭人頂禮膜拜的女神山。瀘沽湖的摩梭少女、豬槽船、摩梭漁歌並稱為「湖上三絕」。

❶ 草海

瀘沽湖共分布有 4 個大小不等的草海，主要分布在瀘沽湖的北面和東北面。草海是瀘沽湖的出水口天然形成一片巨大的溼地，生長著大片的蘆葦，茂密如海，因此而得名草海。每逢春夏時節，草海逐漸長高，看似草原，可見牛馬食草戲水，可乘豬槽船從水草間划過。秋天或冬天時，可見湖裡的枯草倒在湖面上，有候鳥來此過冬，此草海裡鳥兒成千上百，呈現出「人來鳥不驚」的場景。草海上有一條長長的木橋，連接兩岸，叫做走婚橋。

網友按讚 👍 **新橋戀人** 每當春夏時節，草兒從水面上慢慢冒出來，漸漸變得油綠，讓人以為那是一望無垠的草原，只有看見半截身子的牛馬在草裡食草、戲水，或看見豬槽船在草裡輕輕滑動，才知道那是長著草的湖。

月上 站在觀景臺上，瀘沽湖比我想像的還要美麗、祥和，靜靜的湖水在天空映襯下顯得格外湛藍，遠處是瀘沽湖摩梭人的聖山，好一幅靜謐的畫面！

❷ 里務比島

里務比島位在湖的中南部，是湖中 5 個全島中面積最大、植被最好的一個，也是當地土司（當地的「皇帝」）過世後安葬的地方。島高 43.4 公尺，長 450 公尺，西南坡緩，藤樹密布；東北方向山坡成臺，石筍嶙峋，是天然的停舟處。花樹叢盡頭是里務比寺，為藏傳佛教寺廟，始建於明崇禎七年（1634 年），在

這裡轉動一次經筒等於念一次六字真言，燃上一盞酥油燈等於拜一次佛，繞寺三圈等於誦一次經。轉過寺就是島頂，可見一座白塔，為藏傳佛教舍利塔樣式，是永寧河瀘沽湖地區末代土司阿雲山的木塔，塔上刻著他的生平事蹟。

攻略

1. 里務比島和伸入湖心的吐布半島間隔著一條窄窄的水帶，將瀘沽湖一分為二，從大落水村岸邊乘船到這裡需要 30 分鐘。
2. 每逢藏曆節日或佛教節日，里務比寺都會舉行盛大的佛事活動，尤其是每逢農曆六月初二開始的禁齋忌言法會最為隆重。

❸ 謝瓦俄島

謝瓦俄島也叫蛇島，位在瀘沽湖的中部，距離湖岸落水村大約 2500 公尺。島上樹木蔥蘢，百鳥群集，是南來北往的候鳥、野鴨的棲息處。因為是昔日永寧土司阿雲山總管的水上行宮，因此該島亦稱為土司島。

❹ 阿夏幽谷

摩梭人有著走婚的傳統，走婚男方叫「阿柱」，女方叫「阿夏」。摩梭人稱阿夏幽谷為「阿王魔龍」，意思為神靈居住的地方。位在瀘沽湖的西南角，有一股清泉從三家村中穿過，沿著草甸的邊緣注入瀘沽湖，從架在清泉上的小橋出發，逆水而上百餘公尺即步入阿夏幽谷。

阿夏幽谷長 1.5 公里，寬至百多公尺，山底深谷間可見兩山壁立千仞，怪石嶙峋。谷內遍布古栗樹，古樹上纏繞著密集的古青藤。石縫間溪水潺潺，朽木塊石的表面均覆蓋著厚厚的苔蘚，林間時有小動物出沒。這裡過去是摩梭人祭祀祈福的聖地。

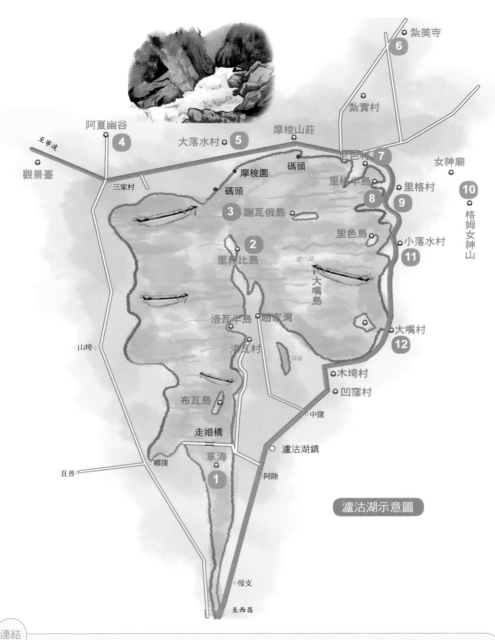

紮美寺
6

紮實村

摩梭山莊

阿夏幽谷
4

大落水村
5

泛邑村
7

女神廟

至寧蒗

觀景臺

摩梭園

碼頭

里格半島

里格村

10

格姆女神山

三家村

碼頭

8

9

謝瓦俄島
3

里色島

小落水村

11

里務比島
2

瀘沽湖

大嘴島

山埡

洛瓦半島 趙家灣

大嘴村

12

洛瓦村

洱海

木垮村

凹窪村

布瓦島

中窪

走婚橋

草海

瀘沽湖鎮

娜窪

1

直普

阿陸

瀘沽湖示意圖

母支

至西昌

連結

摩梭「阿夏婚」

　　摩梭人（納西族支系）延續著母系社會特點，是人類母系氏族的最後遺跡。摩梭人盛行「男不娶、女不嫁」的阿夏婚，建立阿夏關係的男女雙方各居母家，男子暮來晨去，只在女方家過夜，所生子女一律由女方來撫養，男子與女方在工作、生活、財產上都沒有聯繫。「阿夏婚」以情為主，自由結合。獨特的「阿夏」婚姻和自然原始的民俗風情，使這裡被稱為神奇的東方女兒國。

❺ 大落水村

瀘沽湖沿湖村落棋布，多花幾天時間在瀘沽湖的小村遊覽是件很愜意的事。瀘沽湖有2座落水村，位在瀘沽湖西面，從寧蒗前往永寧的公路邊上有個村落，叫大落水村。村子背靠望鄉臺神山，面迎格姆女神山，是到瀘沽湖必遊的地方。

大落水村又分為上落水和下落水兩部分，公路西側、房屋較為矮小的一片屋群是上落水，民居較為古老；公路東側緊依湖畔，房屋高大的一片屋群是下落水村。這裡的民居無論新舊，都是全木結構的房屋，整幢房屋不用磚瓦，冬暖夏涼，是摩梭人特有的木楞房。下落水村的湖邊有條彎曲的礫石小路，路邊的摩梭人都把自己家改造成為旅社。隨小路一路排開的木楞房多為酒吧、雜貨店和土產店等設施，小路旁邊有湖畔垂柳、木舟細浪，被冠上「摩梭風情路」的雅稱。

攻略

1. 大落水村是開發最早的村子，也是這區商業味濃厚、觀光客最多的地方。村裡有許多設備簡單、乾淨的民宿和客棧，可以很方便找到住宿地。
2. 大落水村是看日出不錯的地方，尤其是在落水碼頭處。
3. 村子裡每天晚上都有篝火晚會，門票人民幣20元，可以看到很多表演。
4. 從落水碼頭可以渡到對面的里務比島，收費人民幣30元。

❻ 永寧溫泉—紮美寺

永寧溫泉位在永寧鄉北方10公里處，距離瀘沽湖20公里。當地人俗稱為「熱水塘」，是著名的高原溫泉，位在一個山坳裡，摩梭人、普米族的村寨依傍著四周群山，溫泉水從挖都山腳岩縫間湧出，清澈異常。泉水中含有硫化氫，恆溫38℃，終年蒸汽瀰漫，四季皆可淋浴。

紮美寺位在永寧鄉皮匠街西北，北靠古爾山，是雲南摩梭人和普米族地區最大的藏傳佛教寺院，由明代西藏葛瑪巴活佛始建，原屬噶舉派寺院。寺廟坐南向北，主體建築為正殿和左右偏殿，皆為三層樓閣，土木結構，紅牆黃瓦，豎有鍍金銅頂。該寺在文化大革命時期被毀壞，現存一偏殿。西南偏殿裡塑有高約12公尺的鍍金彌勒佛像坐像，頭飾五佛冠，手持如意珠寶，為典型藏式泥塑風格。偏殿內四面牆壁繪有6幅壁畫，為佛教經編內容，線條精細，色彩明麗，未受漢地佛教和道教壁畫的影響。

攻略
可在永寧街乘坐計程車前往永寧溫泉，大池每人人民幣 20 元，小池每人人民幣 30 元。

❼ 尼色村

尼色村也叫尼賽村，距離里格村不遠，徒步 30 分鐘就可到達。這裡沒有繁雜的客人和濃厚的商業氣息，還大致保留著原有的風貌，在整個環瀘沽湖村落中絕無僅有。村子小而簡單，藍色的湖面風平浪靜，岸邊是一塊厚厚的大草地，有一高一矮兩棵情人樹。

攻略
1. 尼色村是瀘沽湖環湖野花最多的地方，隨處可見格桑花、番紅花、波斯菊、向日葵、旋覆花等。
2. 去格姆女神山的索道就建在尼色村中，住在尼色村的客棧裡，可以買到價格更優惠的索道票。

❽ 里格半島

瀘沽湖是當地摩梭人的「母親湖」，清澈的湖水當中，分布著許多大大小小的島（半島），多數人到瀘沽湖遊覽都會前往湖中的島上看一看。

里格半島位在獅子山下，是瀘沽湖北緣海灣內一個美麗的海堤連島，三面環水，一條毛石小路與海堤相通，環境十分幽靜。小島左右青山環抱，依傍格姆女神，湖水有女神的淚水和女神的明鏡傳說。島上住有十多戶摩梭人家，木楞房沿島而築，屋舍門窗面對水面，開窗即可垂釣。

網友按讚 👍
阡陌 湖水清澈純淨，水面上漂浮了好多小白花，據說這種花只在水質純淨度高的地方才能生長。在瀘沽湖岸，放眼望去都是山山水水，因為是陰天，山頂一直被雲層包圍，別有一番意境。
麗江山陽 相當漂亮的地方，又有獨特的摩梭風情，坐在湖邊聊天喝茶，或者坐在客棧陽臺上喝茶發呆、打牌都是不錯的選擇。

⑨ 里格村

里格村坐落於格姆女神山下，村內有 30 餘戶居民，他們的木楞房大多分布在湖灣和半島上，湖邊停靠著摩梭人的豬槽船。最值得去的地方是村北的里格半島，是個三面環水的內港，登上半島的小山，視野格外開闊，是拍攝瀘沽湖日出的理想地點。

⑩ 格姆女神山

格姆女神山漢語稱為獅子山，其主峰海拔高 3754 公尺，高處湖面 1000 公尺左右，酷似一頭獅子俯視瀘沽湖，被當地人奉為女神格姆。格姆山山間，以山腰成片的白柏香樹最具觀賞價值。在這裡，既可登山探險，居高臨下鳥瞰瀘沽湖；也可選擇乘坐索道上山遊覽。在其西側山崖上有一溶洞，俗稱「女神洞」，每年都有許多朝聖者前往洞中燒香拜神。洞口掛滿彩色經幡，洞內岔道無數，猶如迷宮。遊覽格姆女神洞，可沿該山西側一條蜿蜒山路前行。

> **攻略**
>
> 1. 從永寧鄉的路上往山上望，是觀賞格姆女神山的最佳角度，可以看到整個獅子的輪廓。
> 2. 登上山後，從山頂沒有樹木遮蓋的地方朝下看，可以欣賞到蘆沽湖全貌。

> **故事**
>
> **格姆女神山的傳說**
>
> 傳說瀘沽湖一帶原先沒有山，在夜間，格姆女神仙經常和眾男山神從北方飛來湖裡洗澡嬉戲，東方冷白時又飛回去。某夜，眾男山神等候良久，格姆女神才姍姍來遲。此時，雄雞報曉，他們飛不回去，於是格姆女神便流落到瀘沽湖畔，變成現在的格姆女神山；眾男仙則簇擁在其周圍，分別變成哈瓦男山、則支男山、阿沙男山等。每年農曆七月二十五日是格姆女神的節日，會舉行盛大的轉山節。

⓫ 小落水村

小落水村位在瀘沽湖北部，處在一個三面環山、一面是湖的山谷裡，它是雲南境內瀘沽湖邊最後的一個村寨，雲南與四川的交界線就在村口，在環湖公路上可見：石子路面區域屬雲南，柏油路面區域屬於四川。相比大落水村的繁華、里格的喧鬧，小落水村則保留了更多摩梭村寨的古老風土人情。全村只有 20 多戶人家，少有遊客足跡，只有那些徒步環湖的背包客偶爾來到村頭湖邊，稍作停留。

攻略

1. 小落水村距離湖邊較遠，步行約需 10 分鐘，遊客可在前往大落水村的豬槽船上從蘆葦間划出去。
2. 近年來，由於小落水村裡，賓瑪次爾家的小客棧「格姆山下兄弟家」，被許多網友推薦而竄紅，使得來村子的遊客逐日增多。

⓬ 大嘴村

進入大嘴村，就已經是四川鹽源縣的地界。大嘴村地處兩山間的凹處，通往稻城亞丁的路把大嘴村一分為二。瀘沽湖周邊多是摩梭人，大嘴村卻是例外，村子裡近百戶人家全是納西族。這裡的村民都是 1000 多年前從麗江地區搬遷過來，信奉藏傳佛教和東巴教，以東巴教的信徒居多，每逢節日，村中的東巴長老會帶著村民前去經堂誦念古老的東巴經文，祭拜祈禱。離村子不遠的湖中小島——大嘴島上建有白塔，則是藏傳佛教的舊建築，每月初一和十五，信徒們會登島點香念經。

攻略

1. 每年春節是大嘴村最為熱鬧的節日，期間要連續舉行 9 個晚上的歌舞晚會，歌舞極具民族色彩。正月初九，被村民們視為過年的最後一天，會在這天舉辦盛大的賽馬會，全村男女老少一起出門，賽馬、賽跑、拔河、投擲、歌舞，熱鬧非凡。
2. 在大嘴村左右兩邊的公路上，可以拍攝大嘴的湖岸全景。
3. 沿大嘴村公路行走，西邊可以走到小落水村，東邊走到木垮碼頭，沿路可欣賞鹽湖景色。

專題 摩梭文化

　　摩梭人不是一個少數民族，他們是納西族的一個分支。摩梭人的稱呼是來源於的古樸民風，男不娶、女不嫁，實行「走婚制」。成年的男女青年若彼此中意，男方就借著黑夜摸進女方住的小樓，並在天亮前又縮回自己家，此事絕不能讓女方的家人知道，否則，男方將得到懲罰，摩梭人以前叫「摸縮人」，後來改稱「摩梭人」。

　　摩梭民居：摩梭人依山傍水而居，傳統住宅獨具風格，房屋皆用圓木或方木疊蓋而成，整幢房屋不用一釘一磚，當地俗稱「木楞房」。這種房屋不僅冬暖夏涼，而且因為銜楔整架結構而特別防震。摩梭人獨門獨院，四幢木楞房，配上柴房、圍牆就組成一個很大的院井。花樓供行過「成丁禮」的成年女子居住，「阿夏」們便在這裡共度良宵，男子不經允許不可進入花樓，而女子一旦生育後，也要從花樓搬至母房。木楞房很直接的反映出摩梭人的婚姻形態。

　　祖母房是母系家屋的中心點，建在院子的右邊，用來供養家族中最有權威的女性。祖母房內玄機重重，從宗教到民俗，從文化到生活方式，都反映出了瀘沽湖母系社會的一個縮影。在祖母房中待客是摩梭人的最高禮節。

　　走婚制度：摩梭人有一種獨特的婚姻方式——走婚。走婚在摩梭語中叫「CC」，意為「走來走去」，表現出走婚是一種夜合晨離的婚姻關係：男女雙方不結婚，只在晚上男子到女人家居住，白天仍在各自家中生活和工作，一到夜晚，男子會用獨特的暗號叩開女子的房門。摩梭男子稱自己的情人為「阿夏」，女子的情人則叫「阿住」，男人們只對自己姐妹的孩子負責，等他們年老後，也由家中的甥男、甥女贍養和送終。

　　成丁禮：摩梭人在 13 歲以前，不論男女都穿長衫，少男剃光頭，少女留小辮、佩戴彩珠，到 13 歲舉行成年禮後，便改變服飾，這個過程叫「成丁禮」，女孩叫做「穿裙禮」，男孩叫「穿褲禮」。 成年禮在農曆正月初一清晨舉行，屆時，男孩站在正房左邊柱下，女孩站在右邊柱下，左腳踩著豬膘肉，右腳踩著糧食口袋，象徵今後吃用不盡。女孩由母親為她脫去舊的麻布長衫，穿上美麗穿裙禮的金邊衣、百榴裙，繫上繡有花卉圖案的腰帶，為其盤纏髮辮，配上項鍊、耳環、手鐲等飾物；男孩則由舅舅為其脫去舊的長衫，穿上新的上衣和長褲，紮上腰帶，佩上腰刀。

　　儀式結束後，大人帶著穿上新裙、新褲的孩子，在村裡轉一圈，接受村民的祝福和賀禮。同時，這也是向眾人宣布，孩子經歷一生中第一週的十二生肖，已長大成人，今後可參加各種社交活動了。

　　摩梭節慶：摩梭人在傳統民俗民風方面，於吸收大量非本民族文化的同時，也注重保留自身民族特色。他們的節日眾多，不少都與漢族節日相同，採用的曆法也相同。春節和端午節採用漢民族的習俗，當中還是有許多特別的內容存在，比如孩子的成丁禮就在春節的第一天舉行，春節還要遊湖轉山。端午節時，他們的熱鬧程度不亞於其他民族，因為天然的湖水資源，賽龍舟非常熱鬧壯觀。主要節日表格如下：

摩梭節日（均為農曆時間）									
摩梭春節	祭太陽神節	布穀鳥節	端午喝湯藥節	祭祖節	轉山節	祭月神節	喇嘛會	祭牧神節	轉海節
正月初一	正月初五	清明節	端午節	正月、七月、十月	七月十五至二十五	八月十五	七月初和十一月十二至十五	十一月、十二日和臘月初一	每月的初一、初五、十五、二十五

攻略

景區交通 遊遍景區好 easy

瀘沽湖景區內可坐豬槽船遊湖，也可以騎馬，船和馬由當地的摩梭村寨集體所有，統一經營，統一價格，所有收入均由摩梭村集體分配，價格視距離遠近而定，約在人民幣 30 ～ 200 元／人不等。

如要乘船從四川瀘沽湖前往雲南瀘沽湖，船費為人民幣 80 元／人，從雲南瀘沽湖乘船到四川瀘沽湖，船費為人民幣 120 元／人。瀘沽湖的碼頭很多，各個靠湖的村落都有碼頭，能坐船到附近景點遊玩。

此外還可以包車遊湖，根據車型的不同，包車的價格也不同，平均一天約人民幣 400 ～ 600 元。在草海或落窪可包車到四川瀘沽湖，費用大約為人民幣 150 ～ 200 元／車，在里格也可以包車到四川草海、洛窪，大約人民幣 120 ～ 200 元／車。

住宿 背包客推薦的住宿地

瀘沽湖邊的落水村、里格村、大嘴村等都有許多客棧和小餐廳，吃住均很方便，客棧還專門展開「摩梭家訪」活動，可以深入瞭解摩梭家庭風情。

大落水村為旅遊團住宿，交通方便，服務設施齊全，但是嘈雜。里格較安靜，但交通較不方便。如果想更清幽，可去尼色村、小落水、大嘴村住宿。

里格的客棧都為新建的木楞房，較為舒適，客棧裝潢統一，門面為酒吧，樓上為客房，會有幾間房是朝著湖面。里格島上的幾家客棧，進村依次為陌上花開、老謝車馬店（0888-5881555）、水雲間客棧（13308881377）、達吧旅行者之家（0888-5881196、5822486）、彼岸客棧（0888-5881885）。

小落水村內有家湖思茶屋客棧（0888-5881916），躲在靜靜的港灣中，遊客罕至，非常清靜。通鋪式客房內，鋪著榻榻米的地板上，放著彈簧床墊，可供房客睡覺、休息，以床位計價，約人民幣 30 元／床。標準客房可分為單人床房和雙人床房，雙人床房約人民幣 180 元／間。2 樓的陽臺是晒太陽和晾衣服的好地方。

美食 老饕一族新發現

瀘沽湖用餐多集中在湖畔的幾個村落，客棧會提供早餐，有酥油茶、稀飯、饅頭、鹹菜等，房客可以自由挑選食用，約人民幣 4 ～ 5 元／人。另外還設有西餐廳、中式

料理和在地風味小吃等。也可進行一次摩梭家訪，吃豬膘肉、醃酸魚、坨坨肉、烤魚乾、酥油茶、泡梨、蘇里瑪酒等特色料理。

　　豬膘肉：是瀘沽湖畔摩梭人家非常有特色的一種佳餚，將豬宰殺後，洗淨，去除內臟，剔除骨頭，用鹽巴和花椒撒在腹腔內，將豬縫合，風醃成完整的臘豬。要吃時先切成薄片，可煮、可炒、可蒸，吃起來肥而不膩，味道可口，另一個特點是易於儲存。

　　醃酸魚：是寧蒗摩梭人、普米摩梭人家待客的傳統佳餚。將新鮮的魚處理乾淨後，便將魚腹朝下分層放入陶罐中，中間放入各種作料，半月後即可食用。這種醃酸魚，可生吃，亦可炒食或放上辣椒煮成酸辣湯，鮮嫩爽口。

　　坨坨肉：把豬肉切成重量在 2～3 兩間，成「坨」狀，不放作料，放入清水中煮至6 分熟，撈起瀝乾水分，再撒蒜水、鹽和花椒等即可食用，吃時要用雙手拿肉，並搭配一種獨特的酸湯菜。

　　烤魚乾：選用瀘沽湖特產——巴魚，把魚剖開，取出內臟，撒上鹽、花椒、五香粉，慢慢烤乾製成。食用時，將魚乾放在炭火上烤熟或用油炸酥，可直接佐酒。用來煮湯則湯汁乳白，香味濃郁。

　　泡梨：摩梭人獨創的一種泡菜。當地盛產麻梨，先將梨子放入罐子內，按比例加上鹽、白酒、薑、蒜、花椒和清水，密封一個月後食用，口味酸甜，醇香濃郁。

　　蘇里瑪酒：一種酒精濃度低（約 10 度左右）、味道清香酸甜的飲料，呈淺黃色。蘇里瑪酒是摩梭人的古老飲食傑作，低糖、低酒精、高營養，是當地人非常喜歡喝的一種飲料。

行程推薦 智慧旅行勝導遊

　　環湖徒步是遊覽瀘沽湖最好的方式，繞湖一周約 76 公里，徒步能體驗鹽湖的風光和民俗風情，隨時到摩梭人家裡參觀祖母屋，和老人們聊聊天，也可以跟著當地人的腳步去採摘蘋果、梨等。徒步路線推薦：

　　里格村—尼色村（30 分鐘，可在此乘索道遊覽格姆女神山）—下落水村（40 分鐘）大嘴村（1 小時，可在此吃飯休息）—木垮村（30 分鐘）—凹垮村—瀘沽湖鎮—趙家灣觀景臺（木垮村到觀景臺需 2～3 個小時）—趙家灣—落洼（30 分鐘，期間會看到布瓦島）—草海橋—（1～2 小時）—娜窪村（30 分鐘）。往後走是其他村子，景色雷同，不必走完全程，可在落洼租輛車走瀘沽湖鎮原路返回。

老君山
色彩繽紛的「神仙世界」

★灰太郎入世 ing　在黎明鄉，每年農曆冬至前後，早上可以看到由 3 座奇特山峰所造成的神奇現象──3 次「日出」，黎明鄉西側的千龜山還有「千龜競渡」的丹霞地貌奇觀，非常值得一看。

★啊貴哥　進入這裡，你會發現一天有四季、十里不同天、隔山不通俗的奇特現象。

★海島之戀　這裡有雄偉的高山雪峰，有幽靜的冰蝕湖泊，有廣闊的雪山花群，有豐富的珍稀動植物，還有獨特的民族風情，令人嚮往。

門票和開放時間

門票：黎明丹霞地貌景區門票人民幣 105 元，電瓶車單程人民幣 40 元，千龜山索道人民幣 120 元。**開放時間：**全天開放。

最佳旅遊時間

去老君山的最佳季節為 5 月中旬至 6 月，此時滿山的杜鵑花同時綻放，顏色五彩繽紛，與碧草綠樹相映，美麗壯觀。如果只為看黎明奇觀，可選擇冬至前後前往。

進入景區交通

位置：丹霞景區位在麗江市玉龍納西族自治縣黎明鄉，老君山景區的中心地帶在玉龍縣南部的群龍山莊周邊，距大研古城 110 公里。

交通：

1. 麗江至黎明鄉：麗江琴韻停車場內每天有 3 班車開往黎明，時間在 11：00 和 14：00 間，途經石鼓和中興，第二天 7：00 從黎明回麗江，單程車票人民幣 30 元。除班車外，旅遊旺季還有很多私營車往來於麗江和黎明景區間。

2. 麗江至老君山：可從麗江包車，沿石鼓至群龍山莊的鄉村公路，前往老君山景區中心地帶九十九龍潭；也可以沿麗江河源煤礦方向，到林區公路再走 3、4 公里，即可接近九十九龍潭。包車費用約人民幣 300 ～ 400 元／天。

3. 麗江至九十九龍潭：從麗江前行 70 公里的柏油路可至河鄉老君山岔口，再行 60 公里的泥土路至老君山（群龍山莊），下車後整理行裝開始徒步 1 小時（3.9 公里），就可到九十九龍潭。

除了黎明景區和九十九龍潭有班車能到外，其餘景點大多只能包車或者徒步到達，徒步旅行要求較高，需具備一定耐力與毅力，要自行衡量身體狀況，切勿輕易嘗試。

老君山位在麗江與劍川、蘭坪等縣交界處，屬於橫斷山系雲嶺主脈，金沙江環其左，瀾滄江繞其右，因其嶺脊走向圍成半環狀，恰似一個馬蹄形的老君煉丹爐而得名。老君山連綿盤亙數百里，層層疊疊，時起時伏，主峰海拔 4240 公尺，被歷代史家稱為「滇省眾山之祖」，是三江並流風景名勝區的主體部分之一。

老君山景區主要由九十九龍潭片區、黎明丹霞地貌片區、金絲廠金山玉湖片區、利苴滇金絲猴保護區、白岩寺片區和新主天然植物園及金沙江遊覽線「六片一線」組成。其中黎明丹霞和九十九龍潭為其主要景點，景區內的丹霞地貌、奇峰怪石、碧湖清溪、高山草甸、冰峰奇峽和各民族多彩多姿的風俗民情，構成老君山景區極具觀賞價值的獨特景觀。

❶ 新主植物園

新主植物園景區是一個植物寶庫，可以見到中國大陸境內僅有的黃杜鵑，感受不同植被區的千變萬化。植物園裡共有 280 多種種子植物，其中很多都是珍稀瀕危的品種，幾乎彙集橫斷山脈中所有的植物種類，被譽為「植物避難所」。很多人認為，這裡是雲南風景最優美、自然資源最豐富、民俗文化最獨特的地方。

新主不僅是個天然的植物園，還是遠近聞名的「東巴之鄉」，這裡有獨特的民族風情。茂密的原始森林、秀麗的風景、古樸的風土人情，一切都讓人神往，還有一株超過 5000 歲樹齡的巨大杉樹，被稱為「新主神木」，是植物界的奇蹟。

旅遊小 Tips

1. 老君山的景點分散，可按照自己的興趣選擇前往。
2. 老君山晚上有電的地方不多，建議自行攜帶手電筒。
3. 景區內有一個小賣店，可以租賃防寒大衣。
4. 晚上山上氣溫較低，如果露營的話被子易會潮溼，一定要帶睡袋。
5. 老君山是徒步探險者的樂園，需要熟悉路況才能進行徒步，可以請當地有經驗的人當嚮導，最好再找個腳夫協助運送行李等物品。

❷ 黎明丹霞地貌景區

黎明景區位在老君山腹地，包括黎明、黎光、美樂 3 個行政村區，景區面積達 120 平方公里，分布著由紅色砂岩形成的丹霞地貌，是中國大陸境內眾多丹霞地貌中，最絢麗、海拔最高的一處。傳說，太上老君曾在離這裡不遠的老君山上煉丹，火焰一直蔓延至此，將山石烤為紅色。紅色的砂岩鑲嵌在森林的萬綠叢中，顯得更加璀璨奪目。

攻略

從黎明街上，黎明中學西側的山坡沿一條曲幽的山路，在丹霞岩群峰中穿行，可達千龜山，約 2.7 公里的行程，可向當地人打聽詳細路線。冬季，由此向南遠眺，可看到覆雪的老君山；春季，山間則有火紅的杜鵑。

景區要景點包括千龜山、大佛崖、羅漢窟、三松坪、一線天五指山等。在蒼松翠柏的掩映下，火紅的崖峰突兀而起，崖面上那一片片的石塊排列自然有序，似千龜赴日向東爬，儼然一幅「千龜競渡拜朝陽」的奇特景觀。大佛崖位在黎明村的大橋旁，陡峭直立的丹霞崖前，一塊與人形無異的巨石，恰似一尊盤坐蓮花臺的大佛從天而降，頭眼耳身俱全，彷彿是被人精心雕刻出來。石佛凝聚前方，莊重而肅穆。

五指山位在黎明河左岸，紅色的山峰聳立，峰中有奇，奇中有秀，蒼黑色的岩石上夾雜著紅、白、灰、黃等顏色，斑爛無比。當傍晚夕陽斜射於眾峰頂，山崖燦然眩目。因為山聳立於黎明河邊，峰高千尺，當地人又稱為「插天坪」。

連結

黎明日出的三起三落

　　站在黎明村的紅石街上，向東望去拔地而起的 3 座紅色礫岩峰叢，把天空割成鋸齒狀。每年冬至前後，約 2 個月的時間裡，在黎明的清晨能見到太陽三起三落。大約 8：30 左右，太陽從第一座山峰的南面升起，在空中晃悠 1 ～ 2 個小時後，在第二座山崖後面落下；隨後又從第二座山崖的南面升起，爬升到第三座山崖的背後落下；最後，第三次升起至第三座山崖上，完成三起三落的全部過程。

五指山的南面有一窟，是為羅漢窟，黎明傈僳語稱為「尼卜阿窟」，意思是羅漢岩洞。這是一個天造神殿，洞中喀斯特地貌多變，內有神像、神壇、石香、石供盤，頂部懸掛著無數鐘乳石，如千萬盞神燈。

三松坪是一處夏季牧場，位在黎光村南邊 15 公里，當地傈僳群眾稱其為「土偏闊地」，意思是被樹葉鋪墊出來的平川。牧場起伏連綿，在草甸上有三棵直徑在 25 公尺以上的柏樹相伴而生，可稱「樹王」。牧場四周杉樹擁簇，老君山聳立僅在咫尺，伸手可觸。

一線天是一條峽谷，兩面懸崖相峙，兩崖間的距離僅隔數尺到一丈，這樣數百公尺長的一段狹縫緩緩而上，中央有巨石，下有蓄水，很難通過。仰視只見一線天，窄縫頂上有一開闊緩坡，樹木高大，遮天蔽日，四周環崖。

黎明不僅是風光秀美的景區，更是少數民族風情旅遊的理想境地，走進黎明就像走入一個神奇的世界。另外，由於黎明丹霞地貌景觀相對集中，空間距離小，造就一天太陽三起三落的天象奇觀，傈僳人自豪的稱黎明是「太陽永遠照耀的地方」。

連結

傈僳風情

　　黎明是著名的傈僳族故鄉。黎明傈僳族風情文化豐富多彩，情趣盎然。傈僳族的歌聲含蓄優雅，舞蹈活潑複雜，葫蘆笙樂曲以及端午、情人節等民族節日和風俗充滿情趣，極具觀賞價值。

　　傈僳族人擅長空手攀岩，採集野生蜂蜜，不需任何裝備工具。走進岩間，可以看到山崖間架設的幾十公尺高的藤梯，這是傈僳人攀岩過溝採蜜、採藥的天梯，如果敢於冒險的話，不妨體驗空手登天的樂趣。

❸ 利苴滇金絲猴保護區

　　利苴滇金絲猴保護區位在金絲廠片區內，金絲廠是黎明河的源頭，也是老君山景區內海拔最高的區域，因麗江木府曾在此開金礦抽取金絲得名。景區內冰蝕湖的分布廣泛，有「七十七仙湖」、「石人湖」、「雙海子」等眾多冰蝕湖泊群落。湖四周茂密的原始冷杉林與成片的杜鵑相混，春末夏初時，杜鵑花開得萬紫千紅，更加襯托出這裡的景色秀麗。

　　利苴滇金絲猴保護區是中國大陸境內重要的滇金絲猴棲息地，在這個區域內活躍的野生滇金絲猴種群總數量，高達 300 多隻，占全球滇金絲猴種群數量的 1／5。置身其間，觀賞滇金絲猴群和多種動物出沒林間，帶來一種人與自然和諧的無限遐想。

攻略

1. 利苴滇金絲猴保護區是金絲猴、獼猴、小熊貓等野生動物的理想繁衍場所，中國大陸的中科院特別在此設立觀測站，徒步的背包客們可以在此休息、整理行李。
2. 白岩寺是一處待開發的地域，按照規畫，以山野河谷狩獵為主。

❹ 九十九龍潭景區

　　九十九龍潭是老君山景區的一個主要景觀，傳說太上老君煉丹經過此處誤落寶鏡，形成山頂上 99 個清澈純淨的龍潭。據瞭解老君山的當地人說，老君山中的確有 99 個冰蝕湖，而且每個湖又呈現出不同的色彩和姿態，與童話般的「九寨溝」相比，又多了一分大氣。特別在每年的 5、6 月間，漫山的杜鵑花在純淨得幾乎透明的天空下開放，遠遠看去，就像是一張五彩的山水畫。

　　景區不只有龍潭，在核心面積 15 平方公里的範圍內，除了黑龍潭、黃龍潭、姐妹湖、聖母湖、三才湖等潭水景點外，還有青牛嶺、太上峰、太極嶺、太乙峰、南天門、歸樸嶺等景觀。歸樸嶺脈絡清晰，處於六合湖、三玄湖間，形如一柄玉如意，如意之首四達臺是海拔 3049 公尺的天然石臺坪，登臺望遠，視野開闊。南天門位在太乙峰南側，山谷隘口，俗稱南天門。置身其中，與湖區的寧靜安適反差強烈，此景氣勢雄偉磅礴。

老君山示意圖

1 新主植物園
美樂村

本都底

千龜一條龍

各浪打

紅石街
五指山
大佛崖

2 黎明丹霞地貌景區

煉丹爐
蘆笙村

代百啟

仁義

大羊場

石人峰

三松坪

拉巴支

石人湖

石姐妹湖

仁和鄉

金絲猴
觀測站

七仙湖

鳳舞山莊

白岩寺

至麗江

3

馬瓜子

利苴滇金絲猴保護區

四路子

利苴

金絲猴
觀測站

土魯暑

蘭鄉村

臥龍溝

阿左洛

4 九十九龍潭景區

鱷龍海子

夢多草甸

太上峰

貝母地

杜鵑山莊

黑龍潭

三才湖

群龍山莊

　　聖母湖是區內海拔最高的一座湖，諸湖的源頭，湖呈新月形，與姐妹湖間有草甸石海相連。石海內的數座峰丘生滿杜鵑花，在盛開時紅白匹配，如桃李般嬌豔。三才湖指天才、地才、人才三湖，天才湖在上，湖面如鏡，倒影成像，有「水中明月，鏡中世界」的奇觀。初夏時節，湖邊一帶杜鵑花爭相競豔，香氣襲人。

群龍山莊是九十九龍潭片區的樞紐，是背包客們住宿與休整的地點，住在此處可以感受到老君山的悠遠寧靜與神祕。

攻略

1. 九十九龍潭雲霧繚繞，各種天氣和季節的轉變，使九十九龍潭變化莫測。珍珠湖，夏賞百花豔，秋觀霜葉紅，冬吟白雪詩，一年四季均可登山遊覽。
2. 觀賞九十九龍潭可至太乙峰，太乙峰海拔 4212.8 公尺，僅次於主峰太上峰，站在太乙峰上，九十九龍潭盡收眼底。
3. 在青牛嶺上可以觀賞到玉龍雪山的丰姿和夕輝，由望龍峰和南天門可觀群龍山莊全貌。

解說

老君山的杜鵑花

全球杜鵑花品種有 960 種，中國大陸就發現大約 570 種，其中大部分是分布在雲南橫段山區，而老君山的杜鵑品種尤其多，有 60 多種杜鵑花，其中有十幾種是雲南特有的珍稀品種。報春花、龍膽花、蘭花、綠絨苗等都在老君山上爭奇鬥豔，在林間溪畔漫步，隨時可見不知名的花朵散落林間，總能帶來驚喜。

攻略

景區交通 遊遍景區好 easy

老君山棧道：群龍山莊附近的九十九龍潭景區修建有步行棧道，通往幾個主要的湖泊景點，沿途還可欣賞杜鵑花美景。

黎明千龜山棧道：千龜山步行棧道全長 2.7 公里，往返遊覽時間 2.5 小時左右，沿途有眾多的丹霞奇景令人留連忘返。

黎明安七尼棧道：安七尼步行棧道全長 3 公里，往返遊覽時間 3 小時左右。

黎明景區觀光車：黎明景區內設有觀光車，有 2 條路線可選擇，票價人民幣 40 元／人。

住宿 背包客推薦的住宿地

到黎明，如果不作深入的探訪，當天就可返回麗江古城，不必過夜停留。需要過夜的話可以選擇住在黎明村，在紅石街上有當地居民開的客棧，有標準客房和普通客房，房租大概在人民幣 30 ～ 120 元。黎明景區內還有黎明青年旅館、格拉丹帳篷酒店等可供選擇，條件都較為普通，可滿足基本住宿需求。

景區的中心地帶有群龍山莊可供住宿，房間內設施簡單，整齊乾淨，但是沒有獨立沐浴室，冬天時洗澡不便，房價在人民幣 80 ～ 100 元。

杜鵑谷一帶有座杜鵑山莊也可以住宿，房價多半在百元以下，旅遊旺季會略微上漲。山莊內有莊主自己醃製的臘肉和野菜，味道還不錯。

行程推薦 智慧旅行勝導遊

乘車遊覽路線

老君山二日遊路線推薦：D1：從麗江乘車至群龍山莊（3 小時），在群龍山莊用午餐，下午遊覽九十九龍潭，沿棧道遊覽三才湖、姐妹湖、聖母湖、黑龍潭幾個主要湖泊，晚上在群龍山莊住宿；D2：群龍山莊出發乘車前往黎明風景區（2.5 小時），在紅石街用午餐後，前往千龜山景區遊覽，晚上乘車返回麗江（2.5 小時）。

PART 2

徒步遊覽路線

老君山的徒步路線有若干條，主要圍繞著九十九龍潭、雙海子、金絲猴觀測站、大羊場、黎明等幾個主要片區，可以根據自己的時間長短來選擇。

路線一（七日行）：D1：麗江─石鼓鎮─石頭鄉─利苴村（住宿）；D2：利苴村─三岔河─七仙湖（帳篷宿營）；D3：七仙湖─金絲廠姐妹湖─金絲廠杜鵑園（搭帳篷）；D4：金絲廠杜鵑園─金絲猴瞭望臺─金絲猴觀測站（住宿）；D5：金絲猴觀測站─大羊場（住宿）；D6：大羊場─黎明（住宿）；D7：黎明千龜山─麗江。

路線二（五日行）：D1：麗江─石鼓鎮─石頭鄉─利苴村（住宿）；D2：利苴村─三岔河─金絲猴觀測站─瞭望臺（住宿）；D3：金絲猴觀測站─石人姐妹湖（搭帳篷）；D4：姐妹湖─石人湖丫口─雙海子─百藥谷─黃龍潭─忘憂山莊（住宿）；D5：忘憂山莊─七仙湖─忘憂山莊─利苴村。

路線三（四日行）：D1：麗江─九十九龍潭（包車）─鱷龍海子（搭帳篷）；D2：鱷龍海子─小橋頭─利苴村（住宿）；D3：利苴村─金絲廠─金絲猴觀測站（住宿）；D4：金絲猴觀測站─桃源村─長江第一灣─麗江。

特別提示

這一線會有野外露營的機會，必須攜帶睡袋和帳篷，而且最好聘請當地人當嚮導帶領，參考價格約人民幣 200 元／天，詳細行程、路線和費用可直接與嚮導商量。

在麗江古城的戶外俱樂部（經營散客背包團）也開闢此條路線，如阿拉丁戶外俱樂部，也可與群龍山莊直接聯繫，諮詢並安排相關事宜。

徒步的最佳季節是杜鵑花開的 5、6 月，詳細花期最好諮詢當地人。另外，秋季的10 月左右有芒草，景色也不錯。

如果想拍照，可以到九十九龍潭和滇金絲猴觀測站附近的金絲廠，這 2 個地方的杜鵑花最多。

虎跳峽
徒步者的天堂

★素年錦時　這裡的景色非常漂亮、壯觀，我們到了上跳和中跳，有著氣壯山河的感覺，希望有機會再去飽覽美景。

★雨臨陵　徒步虎跳峽是人生中難得的經歷，能看到江水由平緩變湍急的過程，也能感受到波浪的聲音不斷變大，震耳欲聾。

門票和開放時間

門票：虎跳峽景區門票人民幣 50 元，包括上虎跳和中虎跳。

開放時間：9：00 ～ 16：30。

最佳旅遊時間

人們通常選擇春、秋兩季到虎跳峽遊玩，這時氣溫適中，草原上繁花似錦，景色迷人。而在中秋節過後大約 20 天的時間裡，高原上滿目秋色，這也是迪慶高原最精彩的瞬間。

進入景區交通

位置：麗江市玉龍縣龍蟠鄉東北。

1. 公共交通：

麗江至橋頭：麗江至橋頭（虎跳峽鎮）90 公里，可以在麗江客運中心站乘坐至虎

跳峽的班車，早上 7：50 出發；或麗江至香格里拉的班車，會停靠在橋頭，最早一班 7：30。

　　麗江至大具：行程 70 公里，從 7：30 開始有公車，價格大約在人民幣 20 ～ 40 元，在古路灣賓館入口處的車站售票處買票後上車。

　　2. 包車：去虎跳峽最好的方法是在大研古城四方街上包車前往，從麗江到橋頭或大具麵包車單程人民幣 150 ～ 200 元／人，往返人民幣 180 ～ 250 元／人。虎跳峽的一端是橋頭（虎跳峽鎮），一端是大具鄉。從橋頭或大具兩個方向都可進入虎跳峽，可根據下一步的目的地選擇進入方向。如果是從香格里拉方向過來，或遊覽後準備去玉龍雪山的犛牛坪或雲杉坪，選擇從橋頭進入，這樣還能節省玉龍雪山門票、大研古城保護費；如果從玉龍雪山的犛牛坪或雲杉坪過來，或遊覽後再去香格里拉，可選擇從大具進入。

　　虎跳峽以險聞名天下，湍急的金沙江流經石鼓鎮長江第一灣後，忽然轉頭北上，從哈巴雪山和玉龍雪山間的夾縫中硬擠過去，形成世界上最壯觀的大峽谷，谷中最窄的地方就是著名的虎跳峽景觀。相傳老虎可以蹬踩江中的一塊巨石，跳過金沙江，虎跳峽因此而得名。

　　虎跳峽峽口海拔 1800 公尺，南岸的玉龍雪山海拔 5596 公尺，臨峽一側山體陡峭，幾乎是絕壁，無路可尋；北岸的哈巴雪山海拔 5386 公尺，臨峽一側山坡稍緩，這一側有一條簡易的碎石公路，貫通全峽，公路上方還有一條步行小路。

整個虎跳峽峽谷長 20 公里，可分為上虎跳、中虎跳和下虎跳三段，上虎跳江面較寬，景色壯麗，遊覽虎跳峽的團隊大多僅到達這裡；從中虎跳開始江面逐漸收窄，江水也變得異常湍急，背包客們喜歡來這裡徒步；進入下虎跳，江水沖出峽谷，前面是一片平壩和村莊。

> **故事**
>
> ### 虎跳峽的傳說
>
> 關於虎跳峽，當地民間流傳著一個優美的故事：金沙江、怒江、瀾滄江和玉龍山、哈巴山原是五兄妹。三姐妹長大後，相約外出擇夫，父母又急又氣，要玉龍、哈巴去追趕。玉龍帶著 13 把劍，哈巴拿著 12 張弓，抄小路來到麗江，面對面坐著輪流守候，並約定誰放過三姐妹，就要被砍頭。
>
> 輪到哈巴看守時，玉龍剛睡著，金沙姑娘就來了。聰明的金沙姑娘想起了哈巴有愛打瞌睡的毛病，便邊走邊唱，一連唱了 18 首歌。婉轉動人的歌聲果然使哈巴聽得入迷，漸漸睡著了。金沙姑娘抓準這機會，終於從兩個哥哥的腳邊猛衝過去，大聲歡笑著飛奔而去。玉龍醒來見此情景，又氣又悲，他不能違反約定，抽出長劍砍下哈巴的頭，隨即轉過背去痛哭，兩股淚水化成白水和黑水，哈巴的 12 張弓變成虎跳峽西岸的 24 道彎，哈巴的頭落在江中變成虎跳石。所以現在我們看兩座雪山，玉龍雪山有「頭」，哈巴雪山卻沒有「頭」。

❶ 頭場灘

頭場灘是虎跳的入口，奇石滿堆，千姿百態，人只能在亂石中行走，恍若置身在怪禽異獸群中，從這裡至「虎口」嵯岩峭壁綿延。這裡兩岸峭壁聳立，中間湍水淙流，江左有仙人橋，是仿造四川棧道，鑿石開成的行人道，路面崎嶇而窄，上為突出的岩石遮蓋，下臨深淵，是訓練膽量的好去處。橋下是深潭，舊名大岩，據說深度難測，潭中有眾多肥美大魚。石崖上有一個石洞，叫大王洞，又名「翼王宮」，曾為當地瑤民首領肉翼大王所居。

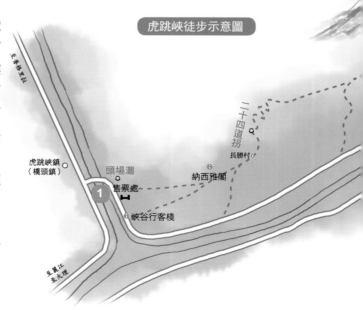

虎跳峽徒步示意圖

至香格里拉

虎跳峽鎮
（橋頭鎮）

頭場灘

售票處

❶

峽谷行客棧

二十四道拐

長勝村

納西雅閣

至麗江
至大理

景區內還有金鎖、石獅、谷倉、鹽倉、石象、插劍臺等名勝，江岸有仙人床、閘門等古蹟，附近有「五馬歸槽」名山，吸引著無數文人騷客，留下不少優美的詩篇。清代進士劉汝新，遊經此地時曾寫下一首七絕詩：「杜鵑啼血染花叢，臨水爭妍石峽中。我欲尋春春寂寂，問花開處為誰紅。」

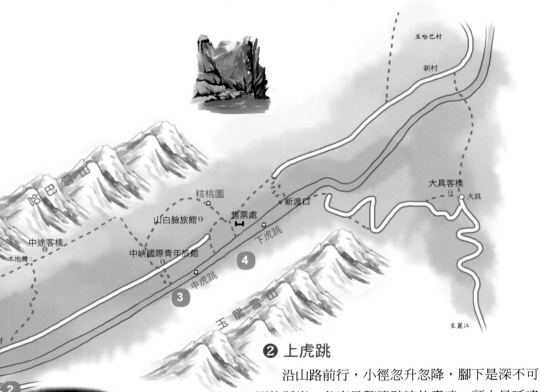

❷ 上虎跳

沿山路前行，小徑忽升忽降，腳下是深不可測的懸崖，谷底是驚濤駭浪的轟鳴，頭上是呼嘯而過的勁烈江風，逼著人靠近岩根，小心前進，偶爾碰落一個石頭，便如箭飛墜，很久才見到它落進江心激起的浪花。走過有斜坎的陡壁，一道銀流，閃入眼底，這便是「上虎跳」。

111 ♪

上虎跳是峽谷中最窄的一段，離公路邊的虎跳峽鎮9公里。只見兩山夾峙，形若兩扇鐵門，當中立著青黑色的虎跳石，似兇神惡煞的守門將軍，傳說曾有一匹猛虎借江心這塊巨石，從玉龍雪山一側，一躍而跳到哈巴雪山，故此石取名虎跳石。金沙江從他的兩側越過斷崖，凌空飛下，以雷霆萬鈞之力衝向崖底，又彈跳而上，形成萬朵雪白晶瑩的浪花，旋即化作銀雨乳霧，潤溼了周圍的岩石草木。斷崖下，千波萬濤，

攻略

上虎跳景區遊客多，大都是從麗江乘車過來的旅行團隊，他們多是拍照留念後便匆匆離開，想要見識虎跳峽的真面目，必須徒步前往中虎跳和下虎跳。

沸沸揚揚，迴旋翻滾，如千條蛟龍攪湖鬧海，似萬匹銀馬奔騰馳騁，然後乘風而去。清代雍乾時，雲南詩人孫髯翁在《金沙江》一詩中曾寫道：「劈開善城斧無痕，流出犁牛向麗奔。一線中分天作塹，兩山夾鬥石為門。」

❸ 中虎跳

出核桃園村不遠，崎嶇的山路上突然出現一個巨大的深溝：聳入雲端的哈巴雪峰，似被巨人當頭劈下一斧，留下一道「刀切」般的深谷，行人需從深谷的一面攀藤附葛，小心翼翼下到崖底，又從岩底手腳並用，爬上山頭，弄得汗流浹背，才越過直線僅數十丈的距離。再往前行，江對面的絕壁上，隱約可以看出一個由風雨剝蝕所形成的納西族婦女側影，似乎在山間策馬馳騁，當地群眾稱這個側影為「阿昌本地米」。傳說她騎著白馬，正在山間巡視，遇有兇惡的野獸出來傷害人畜，便會高聲呼喚。神奇的想像，瑰麗的景色，給山川風物增添迷人的色彩。

繼續前行，到達「中虎跳」，這裡斷崖排空，或直刺青天，或斜撲江口，寬闊浩蕩的江水，遇到危崖的擠壓與阻攔，似乎變得怒不可遏，它聚集力量，向崖石不斷發起衝擊，狂濤洶湧，飛瀑騰空，空谷轟鳴，聲震山谷，江底驚濤裂岸，崖頭山泉噴瀉。當你在哈巴雪山腰，沿著壁間蹬道小心攀行時，常會遇到飛泉流瀑從頭頂上掠過，猶如進入水簾洞中。

解說

早年的時候，來虎跳峽徒步的人並不多，以西方遊客為主。不過近些年來，虎跳峽徒步的名氣逐漸變大，即便是路途最兇險的中虎跳，安全係數也相對提高，加上沿途的旅館、客棧越來越多，來自世界各國的觀光客都會來這裡遊玩了。

> **攻略**
>
> 1. 中虎跳離上虎跳大約 5 公里，江面落差大，「滿天星」礁石區是這裡最險的地方。
> 2. 在下中虎跳時，會有當地人要收取費用，如下江邊的小路，人民幣 10 元，到江邊過小橋，人民幣 5 元，天梯人民幣 10 元，一線天人民幣 10 元，但都沒有正規的收費票據。
> 3. 從中虎跳到天梯的一段路異常兇險，旁邊就是滾滾的峽谷江水，另一側的山崖上還經常有石頭墜落，徒步通過時一定要格外小心。

❹ 下虎跳

虎跳峽谷天下險，這個「險」中卻蘊藏著一種懾人心魄的壯美，吸引無數國內外背包客到此尋幽探險。從麗江大具進峽，下平臺，沿小路繞至山腳，達下虎跳。峽谷兩岸危崖壁立，在 30 多公尺寬的江面中，還屹立著 4、5 公尺高的虎跳石，江水從兩邊傾瀉而下，猶如猛虎下山，風馳電掣，水花迸射，山谷轟鳴，非常壯觀。

過江上山，沿中旬一側的盤山小路攀援而上，在陡峭的山坡上有一小村，名為「核桃園」，居民多以石板蓋屋，到虎跳峽的行人，常在這別具風情的山村借宿。當夜深人靜，在熊熊燃燒的火塘邊躺下休息時，江水的奔騰，勁烈的江風和松濤聲混成一片，使人感到狂濤衝擊山峽而發出的微微顫動，好像睡在一艘航行在波濤中的船上，有一種新鮮感。

> **攻略**
>
> 從中虎跳過險境「滑石板」，即到下虎跳。下虎跳距離大具鄉不遠，這裡接近虎跳峽的出口處，有縱深 1 公里的巨大深壑，是欣賞虎跳峽最好的地方。

> **網友按讚** 👍
>
> 滄海一粟　走出下虎跳，視野豁然開朗，平地和村莊又開始出現在眼前，頗有些「山重水復疑無路，柳暗花明又一村」的感覺。
>
> anderdon　對虎跳峽的第一印象就是這裡很像壺口瀑布，非常壯觀。有 2 個地方可以觀看到虎跳峽的勝景，來遊玩的人都很稱讚這個美景，果然與眾不同。

攻略

景區交通 遊遍景區好 easy

虎跳峽沿途有人力車，淡季時去程 40 元／車，返程 100 元／車；旺季時，去程 40 元／人，返程 100 元／人。（皆為人民幣）

住宿 背包客推薦的住宿地

　　虎跳峽徒步沿線有很多客棧可供休息，大部是當地居民自己興建，設備簡單，床墊多半用海綿做成，有茶馬客棧、納西雅閣家庭式客棧、中途客棧、山泉客棧、中峽國際青年旅館、張老師家客棧等，其中以中途客棧和中峽國際青年旅館的住宿條件較好。

　　如果只遊覽上虎跳峽，當天即可返回麗江，不需要在景區住宿；而如果是徒步穿越虎跳峽的話，第一天晚上可住在茶馬客棧或中途客棧，第二天晚上可住在張老師家客棧或中峽國際青年旅館，這些客棧的房價標準客房約在人民幣百元左右，客棧周邊的景觀也很豐富。

　　納西雅閣家庭式客棧：客棧位在橋頭到茶馬客棧的途中，若是徒步，可選擇在這住一晚。客棧有標準客房和普通客房，普通客房在 2 樓，從窗邊可以看到玉龍雪山，價格在人民幣 20 ～ 180 元不等，淡旺季價格不變。

　　位置：雲南迪慶州香格里拉縣虎跳峽鎮長勝村

　　電話：0887-8806928

　　茶馬客棧：客棧有 2 棟新蓋的樓房，2 樓普通客房景觀很好，人民幣 50 元／間起，在露臺上休息時可欣賞虎跳峽美景。客棧免費提供茶水和水果。

　　位置：28 道轉一直往下走，大約 1.5 小時可到。

　　電話：13988707922

　　中途客棧：是虎跳峽最老牌的客棧，以擁有「天下第一舍」而聞名，這裡既有標準客房，也有多人同室的通鋪房，價格人民幣 50 ～ 120 元不等。

　　位置：從茶馬客棧徒步 2 小時左右可到，面對玉龍雪山及金沙江。

　　電話：0887-8806522

　　山泉客棧：客棧位在虎跳峽中心的核桃園，是獨具藏族風格的客棧，可觀賞到金沙江、玉龍雪山，以道地的西藏風和優質的服務著稱。客棧有多種房型，普通客房景觀比標準客房好，價位依床數和是否有對外窗、獨立浴室而有差異，約在人民幣 50 ～ 320 元／間，8 人房間人民幣 20 元／床。

　　位置：核桃園

　　電話：0887-8202222

　　中峽國際青年旅館：也叫 Tina's 客棧，位在中虎跳，在公路旁，是徒步下山的終點。硬體條件是全虎跳峽最好的一間客棧，有舒適的標準客房和簡單的通鋪，標準客房房價

人民幣 120 元／間，3 樓的房間較貴，躺在床上就能看見對面的玉龍雪山。徒步完成的人會選擇在這裡吃午餐，喝咖啡，餐廳供應的土雞湯純正鮮美。

　　位置：永勝村，中虎跳峽旁邊，公路通道門口。

　　電話：0887-8806079

　　張老師家客棧：位在中虎跳峽景區內，在下中虎跳峽的必經之路上。客棧臨金沙江而建，旁邊就是懸崖，令人震撼。張老師家兼具住宿和餐廳的功能，木屋乾淨整潔，土雞、泡菜和雞蛋是特色菜。

　　位置：中虎跳峽

　　電話：13308875575，13087421801

特別提示

1. 虎跳峽的晝夜溫差很大，有「一天有四季」之說，加上氣候乾燥，紫外線輻射強，最好攜帶防晒用品、遮陽帽和太陽眼鏡，特別是 10 月以後，探訪時更要帶足禦寒衣物。
2. 徒步虎跳峽要量力而行，因步行體力消耗較大，可帶些高熱量的食品，如巧克力、消化餅乾等。
3. 位在核桃園和中峽旅館間的大深溝瀑布是最危險的地方，無論晴雨都會有落石，要小心行走，過了這個險地就到了中峽旅館。
4. 山路情況複雜，當地人為了賺錢，會撤走或者修改指示標，而有錯誤的指示。
5. 每年的 5 月過後，虎跳峽多雨，上山的道路可能會有些溼滑，徒步者要注意安全。
6. 景色最為壯觀的當屬中虎跳段，下中虎跳時切忌跑跳。
7. 下中虎跳，從天梯爬上來往下看高度大，有懼高症或心臟病的朋友不宜前往。

專題 徒步虎跳峽

遊峽有兩種選擇：一種可借助汽車遊看重點，省力快捷；另一種則是徒步穿越，可徒步走哈巴雪山小路，也可徒步走碎石公路，身體力行的品味虎跳峽之美。另外，還可把虎跳的景觀分為峽景和山景，上、中、下虎跳之景都是峽景，主要在峽谷左側山腰的碎石公路一線觀賞；山景是指徒步哈巴雪山看到的景觀，主要在步行小路和翻越哈巴山至中甸白水臺的途中觀賞。

徒步穿越是感受虎跳峽最好的方式，可根據自身條件選擇不同的路線，需要 2～3 天時間，虎跳峽鎮（橋頭）是傳統的徒步起點。2 日徒步路線推薦：

D1：早上從麗江坐車經虎跳峽鎮到達上虎跳，之後開始徒步，**路線為：**上虎跳—納西雅閣（走小路 40 分鐘）—24 道轉終點（乾岩房，1.5 小時）—茶馬客棧（1.5 小時）—中途客棧（2 小時，住宿）。

D2：中途客棧—中峽國際青年旅館（1 小時）—中虎跳（1 小時）—核桃園（1 小時）—新渡口（1 小時）—老渡口（2 小時）—大具。

從大具到橋頭徒步，走到 28 道轉的時候多下坡路，算是輕鬆好走；從橋頭到大具，首先要經過 28 道轉，所以剛開始會消耗較多體力，最好儲備充足的飲食。

長江第一灣
萬里長江大轉彎

★番茄 Simin　長江第一灣的水流很急，但由於江面寬闊，看過去江水平緩如鏡。不遠處就是整齊畫一的田園、炊煙嫋嫋的村鎮，在這樣一片高原上竟有如江南水鄉的景色，讓人嘖嘖稱奇。

★星球人　新年的第一天去長江第一灣，就拍到金沙江逆轉的壯觀畫面。要拍出好的照片，需要做兩件事情：一要攜帶廣角鏡；二要登高找俯視點，從石鼓鎮東北的308 省道沿山坡往上爬，大約 15 分鐘就可以到達好的拍照地了。

門票和開放時間

門票（人民幣）：長江第一灣（石鼓鎮）5 元，鐵虹橋 1 元，石鼓亭 5 元，紅軍渡江紀念碑 2 元，長江第一灣漂流 A 線 168 元、B 線 168 元、C 線 128 元。

開放時間：全天。

最佳旅遊時間

遊覽長江第一灣首推秋季，其次為夏季。秋季秋高氣爽，氣候宜人；夏季可乘涼聊天，也很愜意。

進入景區交通

位置：在麗江城西北 45 公里的石鼓鎮石鼓渡口與香格里拉縣城南部沙松碧村間。

交通：1. 公共交通：從麗江城的客運總站可乘班車直達石鼓鎮，約 2 小時車程，車費人民幣 20 元／人。也可在麗江市城內的各個公車站和主要旅館前乘坐旅遊專車，可以選擇虎跳峽和長江第一灣的組合路線進行遊覽。

2. 自駕路線：麗江以西過拉市海，有 2 條公路可到石鼓，一是繞鐵甲山北側，至雄古村再北行到江邊，溯江西行至石鼓；另一條從太安翻越鐵甲山，至白漢場西行直抵石鼓。2 條公路均 65 公里左右，第一條路況較好，第二條雖然較蜿蜒，但感受峰迴路轉時，能有突然見到長江第一灣的喜悅。

萬里長江從「世界屋脊」──青藏高原奔騰而下，在巴塘縣城境內進入雲南，與瀾滄江、怒江一起在橫斷山脈的高山深谷中穿行，形成「三江並流」的壯麗景觀。其上游金沙江到了麗江縣石鼓鎮，突然掉頭北轉，形成罕見的「V」字形大轉彎，「江流到此成逆轉，奔入中原壯大觀」，人們稱這天下奇觀為「長江第一灣」。

長江第一灣的美麗傳說

關於江灣由來，民間有一個傳說：怒江、瀾滄江和金沙江三姐妹結伴出遊，半途發生爭執，大姐、二姐固執的往南走了，金沙姑娘立志要到太陽升起的東方尋找光明和愛情，到石鼓後，告別2位姐姐，毅然轉身東去。金沙姑娘轉身處，就形成長江第一灣。

另外一個版本是：不願西嫁的怒江、瀾滄江、金沙江三姐妹，瞞著父母，偷偷從家裡跑出來，美麗聰明的金沙姑娘邀約2位姐姐投奔東海而去。父母得知3個女兒逃跑後，非常生氣，派玉龍和哈巴兩兄弟擋在她們去東海的路上。怒江和瀾滄江在沙松碧村望見2位攔路的哥哥，認為敵不過他們，不敢前走，於是改變主意，不去東海了。她們選擇南去的路，卻勸服不了金沙姑娘，只好怒而奔去。金沙姑娘眼望2位姐姐遠去，去東海的決心依然不變，毅然轉身直衝哥哥的攔阻之地，最終想辦法衝破阻攔，匯入東海。她轉身的地方，就形成著名的「長江第一灣」景觀。

長江流至沙松碧一帶，水勢寬衍，江水青幽，兩岸青柳成行，這裡是看長江第一灣落日最好的地方，登臨沙松碧村後的小山，長江第一灣盡收眼底。夕陽下，江面金光耀眼，斑斕無比，耀眼的金光映得四山金黃，而觀者也籠罩在金光中。漁舟往來於青江上，漁網拋撒處，金珠飛濺，景色奇美。

看「長江第一灣」，首先是欣賞它勝似江南的色彩。在春夏季的晴日，登高極目，可見清碧的江灣兩岸是如帶纏繞的綠色柳林，沉積舒展的白色沙灘，黃綠整齊的層層田疇，以及灰瓦鱗次的村鎮，一派江南風光。

其次是感懷歷史，諸葛亮在此「五月渡瀘」；忽必烈南征大理的西路軍在此激戰渡江；明代木土司在此大敗吐蕃後，意氣風發的立碑刻詩。一次次歷史的轉折和巧合都發生在這裡，「長江第一灣」似乎在緩緩彎出長江東流萬里時，和中華文明結上緣分。

攻略

1. 鎮西側的山坡和建在江邊山坡上的鎮政府大樓，是拍攝長江第一灣的最佳位置。
2. 石鼓是麗江旅遊的重要交通要道，往北可以到黎明、黎光、巨甸、塔城，往西可以到達老君山景區，沿著金沙江還能到達虎跳峽。
3. 石鼓盛產滑石、花崗石，現已大量開發，遠銷各地，可買來當作紀念。
4. 石鼓鎮每 3 天都會趕一次街子，也就是我們所說的市集，屆時行人熙熙攘攘，十分熱鬧。

沙松碧對岸，便是著名的歷史名城——石鼓鎮，因鎮內有明代嘉靖二十七年（1548 年）麗江土知府刻製的鼓形漢陽石碣而得名。納西語稱這裡為「剌巴」，意為虎嘯處或虎族之花。

在鎮上的一座小亭裡豎放著一面石鼓，鼓面上刻有銘文，記載當年麗江土知府向北進軍吐蕃，得勝凱旋的功績。更神奇的是，在幾近人高的鼓面上，有一道能看得見的彌合裂縫，據說這縫會自動開合，以預示著國運的盛衰。中國近代著名文學家郭沫若先生曾在 1963 年來到此地，也為此驚歎不已，留下墨寶，村民以此當成亭廊上的對聯：「民心得失演古今興亡史，石鼓合開占天下治亂情。」

長征紀念碑左側有沖江河匯入江中，河上建有鐵虹橋，橋長 17 公尺，鐵鍊上鋪木板，兩側也用鐵鍊護攔，是晚清石鼓舉人周蘭坪倡建。重修後，鐵虹橋上增添了麗江著名書法家周善甫和當地名士王紳分別撰寫的楹聯「虹橋臥碧波，鐵索縮細柳」，「楊柳兩行清，水天一色明」，生動描繪眼前景色。

故事

「禹將石」的傳說

遠眺長江第一灣，橋邊還聳立著一尊高約 10 公尺的石柱，被稱為「禹將石」，背後山上傳說還有大禹停船處。

相傳遠古時候，長江流到石鼓一帶，被山阻擋，江水上漫成災，恰巧大禹治水來到這裡，把船停在望江山頂，察看山勢，見東北角有 2 座大雪山，並有人居住，決定從那裡疏江導水，便派隨身將軍去鑿山，可岩石堅硬，奮力鑿了三天三夜，仍未開通。為了拯救百姓，將軍用頭撞開岩石，江水始通，百姓轉危為安，但將軍卻變成無頭石身。大禹為紀念他，做個頭顱狀的圓石嵌接在石身上。

拉市海
越冬水禽的樂園

★水煮蛋　拉市海雖然比不上大景區,但也有小鄉村的韻味,接待的馬夫和船夫都很樸實,一路上為我們唱歌、說笑話。中午吃的烤魚是直接從湖裡打撈上來,非常美味。划船的時候還看到許多候鳥,真是不虛此行啊!

★假正經　拉市海最大的特色就是沿途可以欣賞到正宗的麗江原始農村風貌,拉市湖也非常美麗。在湖邊騎馬、划船都非常好玩,趣味性很高,生態超級原始!

★ lvjr　我們去拉市海的時候剛下了一場大雨,那場大雨將拉市海洗得乾乾淨淨,遠處的海,高處的雲,眼前的溼地,儼然一幅正宗的中國水墨畫。

◆ **門票和開放時間**

門票:人民幣 30 元。**開放時間**:8:00 ～ 17:00。

◆ **最佳旅遊時間**

冬季最佳,11 月以後是拉市海看候鳥的好時節。

◆ **進入景區交通**

位置:位在麗江縣城西面 10 餘公里處的拉市壩中部。

交通:1. 包車:可在大研古城內包車前往,夏利車到拉市海單程價 15 元人民幣,要和司機說好到拉市海南或海北,海北接近湖內小島,海南則為拉市海度假村。

2. 麵包車:去拉市海的麵包車多集中在麗江古城的忠義農貿市場,到海南須人民幣 5 元／人,海北須人民幣 4 元／人。

3. 自行車:從麗江古城騎車前往拉市海約 1 小時可到達,路上會經過一個陡坡,路上來往車輛多,要注意安全。

拉市海是雲南省第一個以「溼地」命名的自然保護區，是高原上的一個小湖泊。拉市海實為斷層構造湖，南側的清水河和北側的美泉河日夜不息的流入拉市海，又從西北側的溶洞洩出。湖邊山清水秀，以美泉最出名，美泉源於臥虎山與北斗山交匯處，從嶙峋怪石中汩湧而來的泉水形成姐妹潭，水綠得像翡翠，清得可見 6 公尺多深的潭底。

PART 1

PART 2

PART 3

PART 4

PART 5

> **旅遊小 Tips**
> 1. 拉市海管理較混亂，當地村民大多守住每個可以進入海邊的路口收門票，騎馬更是要價人民幣 150 ～ 500 元不等，遊覽時要多加注意。
> 2. 去拉市海前最好事先瞭解好價格，不管是找客棧接送或包車，還是找麗江旅行社代辦行程，都要事先商量好價格。
> 3. 拉市海划船都是包含在騎馬的費用裡面，如果不騎馬、划船，只是去拍照的話，一定要提前和包車的司機說明，否則可能會被司機扔下不管。

拉市海示意圖

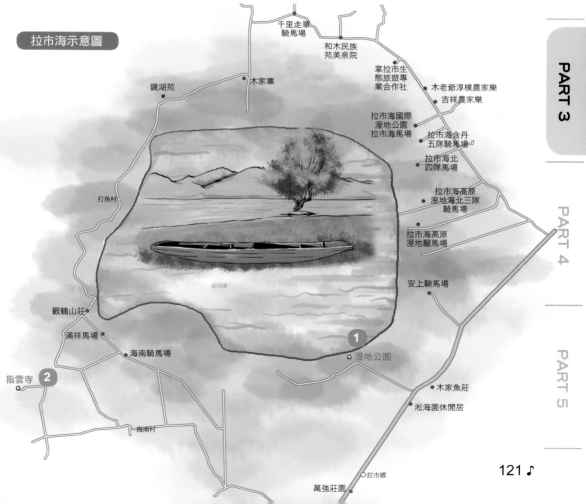

121 ♪

❶ 溼地公園

拉市海溼地公園主要包括拉市海、文海、吉子水庫、文筆水庫 4 個區域，來此可騎馬走茶馬古道、划船觀鳥、穿越原始森林和觀賞七仙湖、美河水源頭等。

拉市海湖面不大，但湖中水草豐美，周邊森林茂密，花草繁盛，清幽秀美，每年都會引來越冬的水鳥，同時還是觀日出日落的好地方。據調查顯示，這片水域每年有 3 萬隻左右的水鳥來此過冬，其中包括斑頭雁、中華秋沙鴨、黑頸鶴、天鵝、白鷺等 57 種鳥類和珍稀瀕危鳥類。公園中的茶馬古道是另一條頗受注目的遊覽路線，騎馬上山後不久就可到達。

攻略

1. 拉市海距離麗江古城約 15 公里，可以跟束河古鎮一起玩一天。
2. 如冬季來拉市海觀鳥的話，可租船到湖中繞一圈，人民幣 50 元／艘，可載 5～6 人。每天的清晨和傍晚是鳥兒最多、湖上景色最美的時候，同時要注意防寒防凍。
3. 拉市海有很多馬場可以騎馬，馬場的路線繁多，最主要的有兩條線，一條是觀景環湖路線，囊括最豐富多彩的景點，適合還不太會騎馬的人，可以慢慢騎著馬匹遊山玩水；一條是跑馬自助路線，適合已經會騎馬的人。環湖路線的馬票 580 元一張，殺價完應該在 300 元左右，自助遊路線 100～200 元左右。（皆為人民幣）

❷ 指雲寺

指雲寺地處大研城西 18 公里拉市壩西部山麓，是拉市海的主要景點之一。指雲寺始建於清雍正五年（1727 年），為麗江五大喇嘛寺之一。寺前湖光山色，農舍田疇，錯落有致，景色極佳。該寺原有 13 個庭院，現存 1 座大院及 5 座小院，大院整個建築外形精巧，內部庭院在 200～300 年前種植，岩桑、槐、銀杏、腦脂梅和雲南櫻花等五株古樹名木，環境幽靜古樸。

攻略

1. 寺內護法堂東面照壁前面有一棵百年銀杏，是麗江的古樹名木。此外，大殿內有 180 年的古松、200 年的櫻花，大殿右側山上有從印度引進來的桑葚和甜如蜜的奇特古桑樹等，都是值得一探究竟的名古樹木。
2. 指雲寺二門樓上珍藏著很多法事工具，其中有跳神（八蹉）用具，如牛、羊等面具和法衣，最珍貴的是藏傳佛教的唐卡和佛像畫，值得一看。

> **故事**
>
> **指雲寺的寺名傳說**
>
> 　　指雲寺，指點雲彩的寺名，給人一種神奇的感覺，想去一探究竟。在麗江，也流傳著該寺創建者立相喇嘛和寺名由來的傳說。
>
> 　　立相本姓和，麗江束河人，原以編竹器為生，後到福國寺剃度為僧，法號羅僧。某年，西藏大寶法王來到麗江，召見所有僧侶考核修習功夫，因立相功夫很深，大寶法王就帶其進藏深造佛學。立相學成返回麗江弘揚佛法，正在選擇建寺位址，相傳有個異人，手指西方天空的一片彩雲，說：「此可建寺。」雲下從此建寺，故取名指雲寺。

 # 攻略

住宿 背包客推薦的住宿地

　　拉市海海東打魚村內的神農寨可以提供簡單的住宿，有帳篷、睡袋、大通鋪等。拉市海離麗江古城不遠，車程大約 40 分鐘，可以返回古城內住宿。

美食 老饕一族新發現

　　拉市海出產一種小魚，可以在湖邊的魚莊內品嚐到。划船遊湖時，有時會遇到划船賣烤魚的老伯，魚是現烤，通常一條約人民幣 20 元，味道很好，如果和老伯攀談，他還會唱一段納西民歌，在湖上一邊欣賞美景，一邊吃烤魚、聽著民歌，真是一種享受。

　　海東的打漁村內有家叫做神農寨的餐廳，可以在此吃到烤肉，人民幣 50 元／人，含肉、魚、青菜、自製豆漿、麥食；還有烤乳豬、驢肉火燒、犛牛肉火鍋等，價格約在人民幣 200 ～ 300 元，甚至更貴。

行程推薦 智慧旅行勝導遊

　　拉市海徒步路線推薦：如果從文海村前往美泉水源地，大概要要 4 ～ 6 個小時，直接從拉市海高原湖泊開始徒步的話，一路就可走到美泉水源地，中午可在美泉鮭魚莊用餐或野餐。

　　午飯後，由美泉水源地繼續徒步到拉市海指雲寺，費時 2 小時，順道遊覽寺廟約 1 小時。結束徒步行程後，可騎馬或划船賞玩高原湖泊美景。

文筆山
藏傳佛教密宗聖地

網友推薦

★我愛 travel　文筆山腳依傍文筆海，宛如一池蕩漾碧墨，山中有水，水中映山，「筆」與「墨」渾然一體，相得益彰。據說，麗江能夠文墨昌盛、人才輩出，就是因為沾了文筆山、文筆海的「靈氣」。

★小葉子　文筆峰如它的名字一樣，儒雅地矗立在麗江壩子的西南方，觀望那如筆鋒刺天的秀美身姿，可以預測當天的風雨陰晴。

門票和開放時間

門票：人民幣 80 元

開放時間：8：30 ～ 23：00。

進入景區交通

位置：麗江市壩子西南端香格里大道三疊水，距麗江縣城 8 公里。

交通：可從麗江古城乘計程車前往。如果時間充足，可以從大研古城騎車來指雲寺遊玩（約需要一個半小時），路上可以玩拉市海；或者可包車前往，約人民幣 30 元左右。也可以在古城南邊的忠義市場乘坐前往「海南」的中巴，約人民幣 5 元／人，順便還可以逛逛海南這個小村莊，農家淳樸，能感受到深厚的人情味。

位在麗江壩西南的文筆山，土語稱為「撫魯納」，意為「黑色的銀石山」，海拔4350公尺，與北向玉龍雪山遙相呼應，各領風騷。其山體形如一支巨筆直指雲霄，挺拔俊秀，因而得名。文筆山腳依傍文筆海，宛如一池餘波蕩漾的墨水，山中有水，水中映山，「筆」與「墨」渾然一體，相得益彰。

景區由 12 個景點組成，不但擁有名剎、靈洞、靜坐堂、神泉、聖石、桑納迦湖等宗教旅遊景點，還保持天然良好的古樸地貌與森林植被，是旅遊觀光勝地。

❶ 文峰寺

文峰寺位在文筆山腹地，寺廟周圍遍布古樹奇花，鳥語花香，空氣清新；茂密的森林，冬可避風，夏可納涼，環境幽靜。

寺廟始建於乾隆四年（1739 年），西藏噶瑪噶舉四寶法王到麗江，要求知府官學宣倡建廟宇，歷時 5 年修成；道光八年（1828 年）重修大殿，藏名稱「桑納迦桌林」，意為「祕密宗教聖地及樂天福地的喇嘛寺」，後改名文峰寺至今。

歷史上興旺時期的文峰寺曾有公房五大院，僧房二十四院，僧侶多至數百人，規模居麗江寺院之首。寺內現存大殿和僧房二院，有佛像、壁畫和古樹名木，尤以山茶、杉聞名遐邇；寺周松杉藏密，溪流潺潺，空氣清新，環境幽靜，至今仍為遊覽勝地。

解說
文峰寺是中國滇西北噶瑪噶舉派十三大藏傳佛教寺院的最高學府，凡要取得「都巴」學位的喇嘛，必須在離寺不遠的靜坐堂，日夜靜坐三年三月三日三時三刻，才有資格主持法事。文峰寺不僅在滇、川、藏地區頗具盛名，而且在印度、尼泊爾、緬甸等國家的佛教界中也有一定的影響力。

網友按讚　天 211dg　進入山門以後就進入盤山公路，好一幅「車在林中走，林在車邊跑」的景象，還不時會在眼前掠過一幅幅驚世絕美的自然風景畫。
👍　may124　文筆山四季景色不同，時時是美，處處是景，非常漂亮。

❷ 南洲第一靈洞

　　在文峰寺後山中有個靈洞，洞門向東，洞內清泉滴瀝，非常潔淨，佛教傳說是上樂金剛與金剛亥母嬉戲地。據說，藏傳佛教噶舉派大寶法王噶瑪喇嘛從西藏遠道來滇，曾三渡金沙江，終於在麗江找到這個神奇美麗的地方。佛教典籍中把世界分為四大部洲，即東勝神洲、南贍部洲、西牛駕洲、北俱盧洲，相傳，南贍部洲有 24 個「神靈之洞」，而其中第一個洞便是麗江文峰寺靈洞。

　　洞前壁上題有「南洲第一靈洞」6 個字及跋語數行，依洞建有靈文閣（靜坐堂），為滇西北噶舉派十三大喇嘛寺中，已取得「格隆」稱號的喇嘛靜坐修行處所。據說在此盤腿打坐學經，歷時三年三月三日三時三刻結業後，取得「都巴」學位，就能在佛寺活動中主持法事。

故事

天國大門鑰匙的傳說

　　靈洞北側有塊大石，中間附有高 1 尺、寬 2 尺，可鬆動又不能取下的石塊，據說石中藏有開啟天國大門「華首門」的鑰匙。

　　相傳釋迦佛的十大弟子之一的迦葉來東土傳教，曾在文筆山講經說法，並在去雞足山華首門入定前，將一把鑰匙留存在此石內。佛教傳說，雞足山是彌勒佛將來下生的道場，迦葉在華首門守著釋迦牟尼袈裟入定，等待佛祖下生時傳授法業。

　　由於這個傳說，過去凡要到雞足山朝佛的青海、西藏、四川、雲南香客，先要到文筆山靈洞側燒香「借鑰匙」，返回時也要到此燒香「還鑰匙」。日復一日，年復一年，來來往往的善男信女、接踵不斷的虔誠信徒，已使黑石發亮。

攻略

食宿 老饕一族新發現

　　由於文筆山距麗江古城僅不到 20 公里路程，可以在遊覽完後，返回古城內用餐和住宿，詳細資訊參考「麗江古城」。

程海
藍色聚寶盆

★律司　程海也叫做黑烏海，盛產螺旋藻和各種魚類，是雲南十大湖泊之一，是高原明珠的組成部分，非常具有觀賞價值。

★天南海北走起來　程海湖沿岸村戶稠密、梯田重疊，完全是一片魚米之鄉的景色。湖南岸可以租到小船遊湖，戲水看雲，又是另一種興致。

★我愛 travel　程海湖盛產螺旋藻和銀魚，據說營養價值非常高，可以買一些帶回去喔！

門票和開放時間

門票：免費。**開放時間**：全天。

最佳旅遊時間

程海四季無霜，湖面水溫 17.6 ～ 27.5 度，一年四季都可以來這裡旅遊。

進入景區交通

位置：麗江市永勝縣西南 20 公里處。

交通：麗江直達程海的車一天有 2 輛，分別是下午 2 點和 4 點左右各有一輛（經過永勝）。也可先在麗江乘坐到達永勝縣的班車（每隔 20 分鐘一班），然後再換車去程海，車班相當多，2 小時即可到達。

程海湖，古名程河，俗稱黑烏海，是一座構造斷陷湖。程海是一個南北長的橢圓形湖泊，湖面海拔 1503 公尺，面積 77.22 平方公里，湖水最深 36.9 公尺，在雲南八大高原湖泊中列第四位，同時還是世界上 3 個生長螺旋藻的湖泊之一（其他兩個分別是墨西哥的可可湖和非洲的查德湖）。

程海原為吞吐型湖泊，由海口河（古稱程河）與金沙江相通，明代中葉後因水位下降，海口河斷流，湖水不再外洩，演變為閉流類湖泊，現已演變為鹹水湖。

程海為重碳酸鈉鎂型水，浮游動植物十分豐富，為富營養型湖泊，年產鯉魚、白鰱和壓嫁、紅翅等多種魚類 700 多噸，近年引進養殖優質銀魚成功，年產量 300 多噸。而程海最為突出的是，生長著大量天然螺旋藻，成為雲南一絕。

據考察，螺旋藻是具有 35 億年生命史的神奇物種，這種無根、無葉的微型絲狀浮游生物，是孕育地上所有高級生物的搖籃，其拉丁文屬名「spirulina」，中文譯音「施普瑞」，取「普施祥瑞」的意思，螺旋藻為其意譯。程海螺旋藻含蛋白質 50% 以上，有 8 種人體所需的胺基酸，此外還具有增強免疫力、防癌抗癌、抗輻射、加強創口癒合、刺激前列腺合成、降低膽固醇和血脂、預防腎功能疾病等多種功效。目前，程海是世界上最大的螺旋藻養殖基地。

程海不僅水產豐富奇特，風光也很優美。古人曾有詩云：「銀海含山色，漁舟傍石峨；晚來最高處，相對發狂歌。」登舟暢遊，見水光瀲灩，煙波浩渺；沿岸梯田青青，村舍柳暗花明，彷彿進入如詩如畫之境。這裡四季無霜，湖面水溫 17.6 ～ 27.5 度，北部海灣沙灘細軟潔淨，長達數里，可以戲水游泳，成為天然的冬泳和娛樂地。

解說

在很早以前，每到清明節前後，程海的湖水就會由清澈變成藍綠，並散發出一種特殊的香味，被人稱為「香面水」，後來才知道這是螺旋藻的因素。這種藻類已經在地球上生活 35 億年，可以說是地球上的「古老」生物，因為蛋白質含量高、豐富均衡的營養及高效保健功能而被人們所關注，並且被譽為「21 世紀人類最好的保健品」。

攻略

1. 程海水主要靠地下水、降水補給，並有團山、季官等河流匯入，南岸有 3 處天然硫礦溫泉。
2. 程海西岸現有公路貫通南北，湖內可通航，車舟並行，交通十分方便。
3. 從永勝縣城出發，沿湖東岸而過，良峨丫口路段是觀賞程海全景的最佳地點。湖邊村戶密集、梯田層疊，在湖的南岸可以租到小船進湖遊覽。

 **攻略**

住宿 背包客推薦的住宿地

　　程海周邊都是村莊，可住宿的地方很少，可以返回永勝縣城住宿。出了永勝縣客運站往南走，鳳鳴路兩邊有旅館和青年旅社，價格適中，人也不是很多。此外，還可返回麗江古城住宿。

美食 老饕一族新發現

　　程海除了世界有名的保健品螺旋藻外，海稍魚、小銀魚也是佳餚。程海銀魚是程海出產的一種白色小魚，以高蛋白和高營養，成為東南亞和日本市場的搶手貨，並在程海發展為規模產業，來到程海邊，不要忘了嚐鮮喔！

購物 又玩又買嗨翻天

　　除了程海盛產的螺旋藻、周邊產品和銀魚外，永勝縣還是陶瓷的產地，現有瓷器品種 70 多個，並出口到東南亞等國家，可以買來收藏。此外，縣內種植大量的苦良薑、劍麻等中草藥材，以及桑葚、蘋果、龍眼、核桃等水果，也可買些品嚐。

觀音峽
麗江第一景

★ ltdgr 「飛流直下三千尺,疑似銀河落九天。」用李白的詩句來形容觀音峽的秀美再合適不過了,值得一去。

★ 查查頭 在觀音峽拍了很多美麗的照片,特別是拍攝山和水的倒影,在藍天的映襯下,水色顯得異常碧藍,非常美麗。

門票和開放時間

門票:大門票人民幣 80 元,套票(大門票+單程滑道車)人民幣 112 元。

開放時間:7:00 ~ 18:00。

進入景區交通

位置:麗江市東南 17 公里處的七河鄉。

交通:觀音峽距離麗江機場大約 5 分鐘車程,距離麗江大研古鎮大約 20 分鐘,從機場到麗江城時就會經過觀音峽,可以從機場坐小麵包車去。

觀音峽景區位在麗江機場至麗江古城機場路旁，是麗江壩子六大關隘之——玉龍關的入口，徐霞客當年由此進入麗江，把邱塘關形容為「麗郡鎖鑰」，進入這道「麗郡鎖鑰」，就進入麗江大門，進入這扇門才算從正門來到麗江。

觀音峽融湖光山色、峽谷瀑布、民俗宗教風情以及納西村落、茶馬古街、時空隧道等自然景觀和人文景觀為一體，主要景點有良馬橋、滇藏茶樓、黃龍泉瀑布、觀音峽瀑布、霞客亭、天香塔、紅軍橋和木家別院等，其中黃龍潭和觀音峽谷是兩個最主要的組成部分。

❶ 木家別院

景區大門是一個牌坊式的大門，上書「茶馬古道」四字，大門兩邊有徐霞客所作的對聯，右聯為「漫漫雄關邱塘道」，左聯是「悠悠茶馬滇藏情」。進入大門後，即可看到景區標誌石和水車，一石一車，一靜一動，象徵著觀音峽景區融自然與人文景觀和諧的景區特色。

繼續前行，會看到一座橋，名為良馬橋。良馬橋是當地百姓為茶馬古道上馬幫行走便利而修建，石材是麗江有名的紅丹霞石，橋總長 23 公尺，寬度 10 公尺，橋寬最窄處為 4 公尺，拱橋橋面上沒有臺階，便於馬幫行走，故稱為良馬橋。

麗江地處通往滇藏、怒江、巴蜀的主要道路，從地理位置上看，位在滇川過渡地帶的重要位置，所以當年木王爺在這裡興建莊園，鎮關守險，是為「木家別院」。 這是一個麗江納西族典型的「四合五天井」院落，走進別院大門，彷彿來到北京四合院，而樓上的窗格，卻又像在江南，這就是納西的建築風格。精美的六合門、寬敞的天井、蜂窩牆、金鑲玉、三方一照壁，還有那寬敞明亮的前廊、銀製的太極吊雙魚，都展現納西族的聰明才智和審美觀。院內還設有納西古樂演奏，讓遊客領略納西人的藝術魅力。

> **攻略**
>
> 在水車旁邊有納西族的民族歌舞表演，俗稱「打跳」，納西人愛打跳而享有「歌舞之鄉」的名號。這是在納西民間廣為流傳的一種歌舞娛樂和健身方式。每逢節慶和重大活動，迎請貴賓要行此儀式；民間辦喜事、建房子、男女青年交往等人，也都會展開儀式。

> **解說**
>
> 別院西樓設有木氏土司文獻展廳，展出木氏土司從元朝任麗江管民官世襲官到清「改土歸流」，近 500 年間，共 22 代土司的有關文獻，此外還展出木氏土司書法和漢文詩，值得一看。

❷ 茶馬街

　　茶馬街是根據歷史，按明代時期茶馬重鎮七河街市面貌布局。沿著這條古街，可以看到茶馬古道滇藏線上七河街市商店、稅局和驛站等，有麗江打銅、打鐵、打銀等手工作坊展示，有銅、鐵、銀器手工藝產品；有納西民間紡織手工藝品展示，東巴紙生產展示，有民族特色各種土布織品，獨具一格的東巴紙產品；還有茶馬古道滇藏高原上的珍貴藥材。

攻略

　　茶馬街旁邊有座東巴文化廣場，廣場中央豎立有東巴圖騰柱，附近還建有摩梭房、徐霞客亭、紅軍橋等。

連結

徐霞客與觀音峽

　　徐霞客，名弘祖，字振之，號霞客，江蘇江陰人。明朝崇禎十二年（1639 年），應木增土司的邀請，從大理出發至麗江，在麗江遊歷 15 天，在他的遊記中留下：「觀音峽真是麗江真鑰匙也」的篇章。

觀音峽示意圖

黃龍潭

❸ 黃龍潭

東巴

雲藥種植基地

故事

黃龍潭的傳說

　　觀音峽流傳著一個術神與人類的故事。傳說一條龍被術神變成一頭大黃野豬，和術女一起守衛山林，後來人類始祖峨高椤父子進山打獵，正好遇上大黃野豬，便將其獵殺。術神把死後的大黃野豬安葬在觀音峽的山下，後來山下冒出 3 股清泉，由於大黃野豬是龍的化身，大家便把這泉水稱為黃龍泉。每逢初一、十五，附近的納西族、白族婦女穿戴整齊，來這裡祭拜黃龍。

　　黃龍潭裡有一種魚，是沒有魚苗而自然生成，魚背是黑色，肚子是金黃色，據說這種魚是黃龍的子孫，因此不能吃。

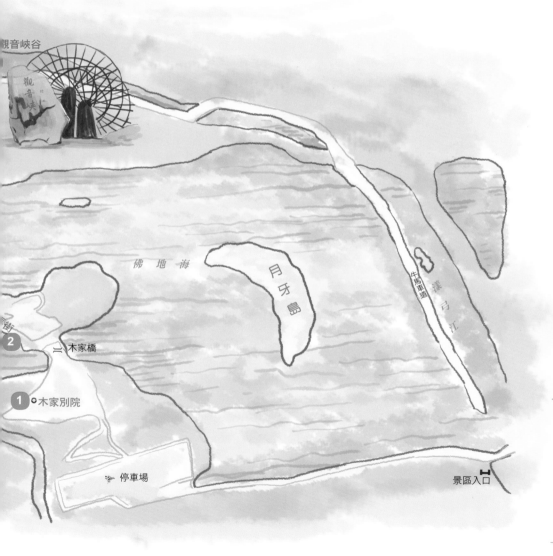

❸ 黃龍潭

　　過了紅軍橋，便進入黃龍潭。黃龍潭分為上潭、中潭、下潭，潭水清澈，古樹沉底，可以讓人盡情領略黃龍潭嫵媚動人的一面。

　　在黃龍潭邊聳立的山峰就是「玉龍關」所在地。明代木土司在《兩關使節》中寫道「郡治南山設兩關，兩關並扼兩山間」，就形象地寫明其地理位置的險要性。玉龍關是當年茶馬古道上，無數馬幫和徐霞客從大理、鶴慶北上進入麗江壩子的唯一入關口，木土司還曾在山上修建過被稱為「小長城」的防禦工事，現在山上「小長城」的遺蹟也依舊存在。

❹ 觀音峽谷

　　觀音峽谷兩岸都為懸崖峭壁，相傳是觀音菩薩用手掌劈開而形成。漾弓江之水貫穿整個峽谷，2004 年時，七星國際越野賽的攀岩項目就是在此舉行。

　　峽谷內石壁上有個山洞，叫觀音洞，是一個鐘乳石洞，裡面殘留著被風乾的鐘乳石，據說裡面還有一尊鐘乳形成的潔白觀音像。

　　峽谷內還有一條觀音瀑，地處林木蔥蘢、峰巒聳翠中，瀑布上下落差 40 多公尺，水簾由峽谷飛流直下，好似一幅銀簾凌空垂掛，與疊巒層林相映交輝，蔚為壯觀，引人入勝。

攻略

1. 長 385 公尺的「時空隧道」，把黃龍潭和觀音峽谷兩大完全不同風格的景點整合在一起，遊客可以坐在安全舒適的電氣小火車上輕鬆通過，展現景區建設者的人性化創意。
2. 觀音峽谷的隧道口是整個景區的最高點，憑欄遠望，佛地海會完全呈現在眼前，是拍照的好地方。

故事

觀音峽名字由來

　　觀音峽，相傳是古時觀音菩薩路過此地，看到當地人民慘遭洪水危害，大動慈悲心，手劈崇山峻嶺，使洪水洩出峽谷。人們為了感恩，就把這峽谷取名為觀音峽。

 **攻略**

景區交通 遊遍景區好 easy

　　滑道車：遊覽觀音峽，可以乘坐景區內的電動滑道。管軌電動滑道車從隧道遊覽區出發，繞山而行，直達觀音峽峽谷入口處，全長 1.2 公里，落差 30 多公尺，遊客可自行控制車速，車速可達 7 公里／小時，動感十足。

　　遊船：遊客也可以乘坐遊船飽覽觀音峽佛地海的美麗風光，遊船風格多樣，造型美觀大方，載客量 30 人。

住宿 背包客推薦的住宿地

　　觀音峽景區內住宿費用較高，因距離古城非常近，所以建議返回古城內住宿，方便感受特別的納西民族風情。

美食 老饕一族新發現

　　景區內有望海樓餐廳，外牆裝潢突出地方民族特色，販賣以納西喜宴為主的特色菜餚。

　　黃龍潭邊上有一座水池，是冷水鮭魚養殖基地，旁邊的房屋是專門賣鮭魚料理的地方，可以前去品嚐。

購物 又玩又買嗨翻天

　　在茶馬街上分布許多古舊作坊和店鋪，有木匠鋪、銅鐵鋪、銀鋪、客棧、酒館、紀念品專賣店等，還有許多經營旅遊用品的小店，如各種展現東巴文字的作品、木刻、木雕、根雕和刺繡、書畫等工藝品，可以買些留作紀念。

行程推薦 智慧旅行勝導遊

　　從麗江古城出發，半個小時就進入觀音峽景區。首先到達入口處的「茶馬古道點」，茶馬古道是中國西南地區，以馬幫為主要交通工具的民間國際商貿通道；經過茶馬古道，再過了木家橋，就到了木家別院，這是當年木土司在此設的查稅所；再前行可見用小石塊一塊一塊疊壘黏合的天香塔，這是納西人特有的祭天塔。

　　繼續前行，古香古色的滇藏茶樓位在翠竹綠柳間；穿過一片茂密的竹林便是長約 385 公尺過山隧道，可乘電動小火車通過；經過隧道，前行百餘公尺便是觀音峽口，在一旁的山洞裡還有站立的觀音雕像，到了觀音瀑布便是盡頭。

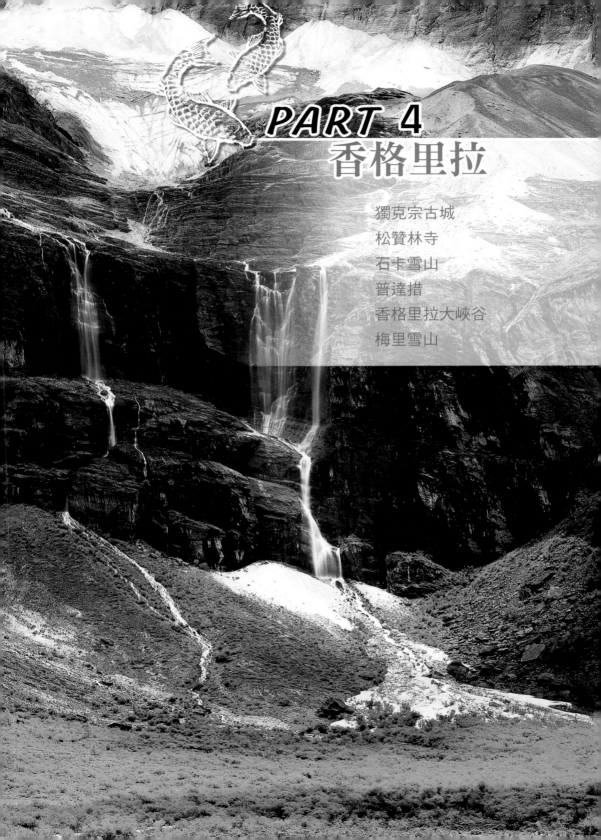

PART 4
香格里拉

獨克宗古城
佛經中的香巴拉國度

★ zlfzlf　茶馬古道重鎮──獨克宗古城不大，古城的風格其實和麗江古城差不多，但少了潺潺的流水，多了藏族風格的白塔和精緻的藏式建築。

★ singho　獨克宗是一座 1300 多年歷史的古城，又稱月光城。古城面積不大，但有酒吧、藏族餐廳及客棧等，如果想體驗藏族風情，建議住在古城內。

門票和開放時間

門票：免費。**開放時間**：全天。

進入景區交通

位置：雲南省迪慶州香格里拉縣東南獨克宗古城。

交通：在麗江汽車客運站乘坐麗江至香格里拉的班車，票價人民幣 100 ～ 130 元，到香格里拉汽車客運站後，轉乘到獨克宗古城的車即可，約人民幣 20 元左右。

旅遊小 Tips

1. 古城晝夜溫差大，下雨後會很冷，要注意保暖，避免感冒，因為感冒容易引發高山症。
2. 古城較容易停水、停電，訂房時一定要問清楚酒店的水電情況，到了之後早點洗澡，以防停水。
3. 古城內吃飯價格比較貴，一份炒飯大概要人民幣 20 元左右。

　　獨克宗古城曾是中國大陸境內保存得最好、最大的藏民居群，而且是茶馬古道的樞紐。千百年來，這裡既有過兵戎相爭的硝煙，又有過「茶馬互市」的喧嘩，是雪域藏鄉和滇域民族文化交流的窗口，漢藏友誼的橋樑，滇藏川「大三角」的紐帶，還有著世界上最大的轉經筒。

　　然而不幸的是，2014 年 1 月，獨克宗古城發生大火，歷時十幾小時的奮力撲救，古城內火勢才被撲滅。據統計，火災燒毀房屋 100 多棟，造成的經濟損失達人民幣 1 億多元。古城 1 ／ 3 都被燒毀，其燒毀的都是較繁榮地帶，如四方街。

　　獨克宗那一夜的大火，使得大片藏民居變成廢墟，非常可惜。火災後的獨克宗古城顯得有點冷清，能逛的街道少了許多，還有很多建築正在重建，但是徜徉其中，仍然可以辨認出當年馬幫的輝煌，藏族風情依舊迴盪在古城中。而這裡現在最大的看點是龜山公園的轉經筒，它是世界最大的轉經筒，上面刻有六字真言，是藏傳佛教中念誦經文的一種方式，每轉動一次就相當於念誦經文一次，是一種虔誠的信仰。

攻略

　　獨克宗古城現在正在積極重建中，古城周邊有小型旅館、小飾品店和酒吧可以逛一逛。雖然風景不如從前，但獨克宗的風情依舊，在這裡能品嚐到特色的藏族美食，例如犛牛肉、青稞餅、酥油茶、青稞麵、犛牛優酪乳等，不過價格稍貴。

松贊林寺
藏族藝術博物館

網友推薦

　　★雨後天晴　非常壯觀的地方，充滿神祕感。參觀後讓我對藏傳文化產生更濃厚的興趣，門口有藏族婦女、兒童熱情邀請遊客合照。

　　★櫻桃之遠　松贊林寺與我們常見的佛教寺廟不同，除了高大雄偉的大殿和「康倉」外，四周上下散布著大大小小的僧舍，看起來更像是一座寺廟山城。

門票和開放時間

　　門票：人民幣 115 元。**開放時間**：8：00 ～ 18：00。

進入景區交通

　　位置：迪慶州香格里拉縣城以北 5 公里的佛屏山下。

　　交通：從香格里拉縣城有巴士直達松贊林寺，票價人民幣 2 元；也可乘 3 路公車直達景區，停車場就在寺門對面；從香格里拉縣城坐計程車過去，大約人民幣 15 元。

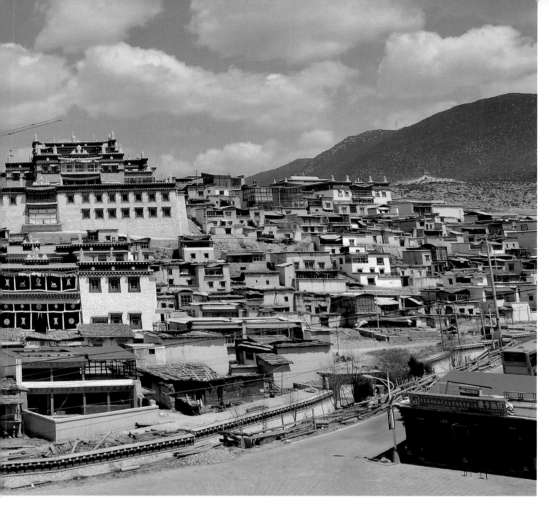

從香格里拉縣城向北望去，在寬闊的草原盡頭，群山間有一片規模宏大的建築群，極高處的屋頂上有鎏金銅瓦熠熠放光，燦爛耀眼。這片近乎古堡群似的建築，就是著名的松贊林寺。

松贊林寺位在香格里拉縣城以北 5 公里的佛屏山麓，整個建築仿照西藏布達拉宮設計，是迪慶區規模最大、最具特色的藏傳佛教寺廟。松贊林寺也叫歸化寺，是川滇一帶的格魯派中心，被譽為「小布達拉宮」。寺裡面有很多歷代珍品，集藏族藝術的大成，被人們稱為「藏族藝術博物館」，現在全寺有 700 多位僧侶。

攻略

1. 參觀佛寺時要按順時針行進；不要用手指對佛像指指點點；未經許可，不得進入活佛的房間。

2. 寺門口兩邊有許多賣工藝品的小店，裡面出售各種藏族工藝品，有興趣的遊客可以買幾件當作紀念品。

松贊林寺的建築風格與藏傳佛教建築樣式相同，松贊林寺的紮倉、吉康兩座主殿高高聳立在中央，八大康參、僧舍等建築環繞四周，高矮錯落，層層遞進，形象立體，輪廓分明，充分襯托出主體建築的高大雄偉。

> **攻略**
>
> 在景區大門處與當地藏族人合照必須收費，每位人民幣 5 元，如果有人主動上前要求合照，務必提前問清楚，以免造成不必要的麻煩。

> **連結**
>
> ### 松贊林寺的歷史
>
> 清康熙十八年（1679 年），五世達賴喇嘛親自策畫，香格里拉第一座格魯派寺院破土動工，2 年後完工。五世達賴喇嘛賜名「噶丹・松贊林」，後來康熙皇帝賜名「歸化寺」，當地的藏民則稱其為「薩熱衰」，意為聖土寺。
>
> 松贊林寺建成以後，拉薩三大寺選派舉馬傾則、阿旺南傑等高僧到香格里拉管理寺廟、開班授課、宣講格魯派教義及教規。到七世達賴時，松贊林寺增加到 1300 位僧人左右，成為雲南省最大的格魯派寺院。

松贊林寺周邊示意圖

松贊林寺寺門建在佛屏山山腳，進門正對著的是幾百級的階梯，順著階梯向上，可直達最高點的紮倉、吉康兩大主寺。階梯的兩側又分布著吉迪、洋塘、卓、鄉城、絨巴等很多副寺，屬於寺中寺。部分寺內殿壁上濃墨重彩，畫滿菩薩和神話故事裡的人物，神態誇張，造成強烈的視覺衝擊。

紮倉、吉康兩大主寺位在全寺中央，主殿的上層鍍有金銅瓦，整體屬於藏族風格建築，但同時也具有漢式寺廟的建築風格。大殿可容納 1600 人同時念經，左右牆壁為藏經「萬卷櫥」，正殿前座供奉著五世達賴的銅像，後排陳列著名高僧的遺體靈塔。

松贊林寺的寺院建築薈萃藏族宗教文化的精華，其建築金碧輝煌，造型豐富多彩，寺內供奉著五世達賴、七世達賴佛像以及貝葉經卷、唐卡、傳世法器等很多珍貴的文物。全寺還收藏有《丹珠爾》十部，其中有兩部為金汁手書。

松贊林寺的喇嘛們主要來自康區，他們的家人以這些喇嘛奉獻神靈為榮，在沒有學校的時代，寺廟還擔任學校的職責，即使是現代，藏民依舊以家中有孩子能進入寺廟為榮。

松贊林寺對面是拉姆央措湖，藏語意為「聖母靈魂湖」，因為是著名的女神白登拉姆的寄魂湖，所以在神界非常著名。

拉姆央措湖面不大，但在藏區名聲很大，景色秀美異常，湖中四季有各種水鳥生息，黑頸鶴、黃鴨等水鳥隨處可見。站在紮倉大殿頂上觀望拉姆央措湖，是一個佛像的自然投影。天氣晴朗時，水清如鏡，湖山相映。

拉姆央措北部是奶子河溼地，奶子河溼地景區因奶子河而著稱。奶子河因其河水如犛牛鮮奶般乳白而得名，在古時候，此河就被當地的藏民視為一條聖潔的河，被譽為「母親河」。由於藏族傳統的生活理念、風俗民情及宗教信仰，著重保護土地，不濫加開墾，使得草原日漸富庶，奶子河流域水草豐茂，牛羊肥壯，形成自然的高原溼地，而它的靈性與魅力則讓人在此駐足往返。

石卡雪山
香格里拉的保護神

★粉嘟嘟的豬兒　舉目所見均是令人歎為觀止的景色，到處都是多彩多姿的異域風情。尤其冬天的雪山，白色的雲朵、山巒和藏房，好像走進童話世界裡。

★五朵金花　一仰頭，只見雲霧滔天的碧透藍天，那是從來沒見過的藍，如藍寶石般明亮耀眼，如水潤過一般清澈透明。

門票和開放時間

門票：人民幣 270 元，含索道費用。**開放時間**：8：00 ～ 16：00。

最佳旅遊時間

秋冬季節是到石卡雪山旅遊的最佳時間，此時的天氣情況最為理想，天空蔚藍，景色優美；冬季是石卡雪山雪量最大的時期。

進入景區交通

位置：迪慶州香格里拉縣西南 7 公里處。

交通：1. 包車：從香格里拉縣城包車前往石卡雪山，往返大約人民幣 50 元。

2. 自行開車前往：石卡雪山與香格里拉縣城距離不遠，景區入口有一條四級柏油路與 214 國道相連，自行開車前往也很方便。

香格里拉可以稱得上是一個雪山王國，境內分布著巴拉格宗、石中雪山、石卡雪山、哈巴雪山等 20 餘座雪山，與香格里拉北面的梅里雪山、白茫雪山，南面的玉龍雪山一同構成一個龐大的雪山世界。

石卡雪山位在香格里拉縣城西，北接納帕海景區，東與雲南最大的藏傳佛教寺院松贊林寺遙相呼應。由於開放遊覽的時間不長，因此其名字不為世人所熟知。「石卡」在藏語意為「面對東方的雪山」，每逢藏曆十五，成群結隊的藏民就要上山朝拜，祈禱來年的平安幸福。

石卡雪山景區彙集雪山、森林、湖泊、花海、草甸等香格里拉特色的自然景觀和生物、民俗宗教文化，綜合展現雪域高原特有的自然美景和民族風情。很多美妙的民間傳說和動人故事，讓景區頗具《消失的地平線》一書中所描述的香格里拉神韻。

上石卡雪山需要乘坐索道，全長 4157 公尺的旅遊觀光索道由下而上，貫穿整個景區。乘坐索道，首先到達的是亞拉青波牧場，這個牧場因草質好、犛牛產出的酥油和奶渣品質優良而遠近聞名。

距亞拉青波牧場 6 公里處的西南面，就是景區極富傳奇色彩的靈犀湖。這是一個充滿靈性的湖，深藏在藍月山谷景區半山腰的原始森林中。據傳，每當月圓之夜，就有一頭犀牛出現，牠是石卡女神的座騎，保佑著民眾飼養的牛羊成長茁壯。湖的西面是一座小山，猶如一尊坐佛，當地民眾認為祂是強巴佛的化身。湖水碧綠如玉，湖的四周樹木蔥籠，杜鵑錦簇，生態植被保護得極完好，呈現出一派幽靜神祕的景象。

在亞拉青波牧場換乘第二段索道，可上到海拔 4449 公尺的石卡雪山山頂，在這裡可以遠眺多座著名雪山的雄姿，西北方向可見聞名中外的梅里雪山主峰——卡瓦格博，在它的左邊還能看到緬茨姆峰，同樣名聲顯赫的玉龍和哈巴 2 座雪山也出現在東南面。

在石卡雪山主峰背後就是著名的藍月山谷，是一個以險峻而著稱的峽谷，深秋季節，這裡漫無邊際的藍色小花盛開著，一眼望去，美得令人窒息。

石卡雪山景區的自然景觀是動態的景觀，人們把它歸納為這樣一句話：「春看綠草夏看花，秋觀秋色冬觀雪」，這裡的景色四季各異。

雪山上的春天姍姍來遲，5 月，石卡山頂還是白雪皚皚，山腳壩子卻開始變成一塊碧綠的地毯，芳草連天，牛羊成群。夏季是景區鮮花盛開的季節，剛開始是漫山遍野的杜鵑花，隨之登場的是五顏六色的草本花卉；7、8 月，高山草甸又布滿葉似蕉葉的無名植物和顏色各異的鮮花，五彩繽紛，醉倒遊客；9 月，石卡山上開始被成片的大果紅杉林和樺楊柳樹林染成金色世界，彷彿在一年的收穫季節，大自然刻意要給石卡山戴頂金色的帽子，以慶賀一年的豐收。冬季降雪，石卡山成為夢幻世界，藍天下，白色的雲朵、山巒、草坪和藏房，講述著一個美麗的傳說。

如今，石卡山巔的雪景與索道纜車相結合，成為香格里拉的一處新風景。草青青，天湛藍，林濤載水聲，鳥語伴花香，漫步其中，心曠神怡，留連忘返。

旅遊小 Tips

　　雪山下有出租羽絨服裝的地方，建議最好租一套，山上風特別大，而且氣溫很低。此外，體力較差的遊客最好買一瓶氧氣，隨身攜帶，以防上山後出現高山症。

網友按讚 👍

下雨天　這裡是一個集旅遊、度假、探險於一體的綜合性旅遊景區，雖然沒有玉龍雪山出名，但就是因為知名度還不高，大部分的旅行團不會去，所以很適合自助遊的朋友去探險。

查而司　這裡有滑雪的地方和設施，想體驗在冰雪上馳騁的人可以獲得大大的滿足。

死亡谷

古今礦遺址

石卡雪山山頂

索道山頂站

杜鵑林

靈犀湖

亞拉青波牧場

索道中轉站

餐廳

牧場小屋

下索道中轉站

辦公室

入口

村莊

石卡雪山示意圖

> 連結
>
> **石卡雪山的地位**
>
> 　　歷史上，石卡雪山是連接吐蕃與南詔的紐帶，東南與玉龍雪山遙相呼應，西北與梅里雪山遙遙相望，是吐蕃時期，滇藏茶馬古道進入藏區的第一座神山。
>
> 　　石卡雪山被當地藏族同胞奉為神山，在他們看來，石卡神山幫助吐蕃實現與南詔國和睦相處的願望，促成南詔公主與吐蕃贊普的美好姻緣，同時神山幫助世世代代前來朝聖的古道商賈一路順風，也使香格里拉眾生的生活安康、幸福吉祥。

 攻略

景區交通 遊遍景區好 easy

　　石卡雪山的索道分為兩段，第一段是從山下到海拔 3800 公尺的亞拉青波牧場，可觀看表演或在此休息一段時間，然後再坐第二段索道到海拔 4500 公尺的山頂。下山時都是乘索道原路返回。

行程推薦 智慧旅行勝導遊

　　上石卡雪山是乘坐索道，大多數遊客會選擇第一條路線，體力較好、喜歡徒步者可考慮第二條路線。

　　路線一：索道大廳—乘第一段索道—亞拉青波牧場（觀歌舞表演）—乘第二段索道—石卡雪山山頂—在步行棧道觀光—乘索道返回。

　　路線二：索道大廳—乘第一段索道—亞拉青波牧場（觀歌舞表演）—乘第二段索道—石卡雪山山頂—步行靈犀湖（約 60 分鐘）—步行至亞拉青波牧場（約 120 分鐘）—乘索道返回。

特別提示

　　冬遊石卡雪山要注意安全，最好有以下裝備：登山服（也可在景區門口租）、登山鞋、登山杖、手套、帽子、圍巾、保溫水壺等。

　　要尊重當地藏民的風俗習慣和宗教信仰，最好不要與當地人起衝突。

普達措
沒有污染的童話世界

網友推薦

★雨臨陵　深秋的普達措讓人感覺很平靜，一路上滿是樹木上懸垂下來的氣鬚，漫步在林間棧道上，空氣格外清新。

★橋漠拯　這裡充滿藍天白雲的碧水，在草地上吃草、睡覺休憩的犛牛和羊兒，在樹上竄來竄去，調皮可愛的小松鼠，一切看起來都是那麼的原始、天然。

門票和開放時間

門票：人民幣 258 元（含人民幣 120 元的觀光車費），碧塔海遊船票人民幣 50 元。

開放時間：8：00 ～ 17：00。

最佳旅遊時間

5 ～ 7 月和 9 ～ 10 月是到香格里拉旅行的最佳時間，這段時間的氣溫和天氣情況都合適出遊，鮮花盛開，放眼盡是綠色的草和樹，天空是一望無垠的藍，景色最美。

進入景區交通

位置：迪慶州香格里拉縣城東 22 公里霞給村。

交通：1. 班車：香格里拉客運站每天有四班車前往普達措，出發時間為 8：00、8：30、9：30、10：00，返程時間為 14：00、14：30、15：00、16：30。車費單程人民幣 15 元，往返人民幣 30 元，車程半小時左右。

2. 包車：香格里拉縣城可包車前往，往返車費約人民幣 180 元。司機會在景區門口等候。

3. 計程車：乘坐計程車前往，參考價單程人民幣 80 元、往返人民幣 150 元；在古城口，經常有計程車找散客併車，但需注意去時最好和司機約定來接的時間，並留下司機電話，以免回程時叫不到車。

普達措是中國大陸境內第一個國家公園，由原來的屬都湖景區和碧塔海景區合併而成，是香格里拉最具代表性的景區。整個景區以碧塔海和屬都湖為主要組成部分，公園內擁有湖泊溼地、森林草原、河谷溪流、珍稀動植物等多種旅遊資源，原始生態環境保存完好。

普達措國家公園內，不同季節景色各異，春天可以觀賞百花盛開的高山草原，夏天可以看滿山碧綠，消暑乘涼，秋天可以觀看色彩斑斕的層層密林，冬天欣賞一片雪白下的碧藍湖波。遊覽普達措景區需要 4 ～ 6 個小時，因為海拔較高，溫度偏低，要注意防寒。

❶ 屬都湖

屬都湖位在香格里拉縣城東北部 35 公里處，是香格里拉縣較大的湖泊之一。這裡的湖水清澈、平靜，如同鏡面，近乎是零污染，隨處可以看到大樹映在湖面的倒影。

清晨的陽光灑在屬都湖的湖面上，讓人忘卻大城市的喧囂，完全融入到這片淨土中，偶爾聽見犛牛身上掛的鈴鐺聲，彷彿身在人間仙境。湖內出產一種珍稀魚類——裂腹魚，魚身金黃，腹部有一條裂紋，魚肉細膩鮮美。湖面上還棲息著大量的野鴨、黃鴨等飛禽。

屬都湖畔擁有香格里拉最好的牧場，草場廣闊，水草豐茂，每年春夏之際，成群的牛羊在湖畔漫步，牧棚星星點點。徜徉在這片青山綠水中，可充分感受到一種閒散、悠然的生活情趣。

攻略

1. 從大門進入，公園提供的接駁車會將遊客送往屬都湖，行車的 20 分鐘內，會有隨車導遊做解說，仔細聆聽可增加對此地的瞭解。
2. 屬都湖有棧道，美景主要集中在這裡，走在上面既能欣賞美景，又不用走回頭路，棧道的另一端便可以直接乘車到下一個景點——彌里塘牧場。
3. 棧道起點處左邊有兩個小湖，另一條小路通往尼汝林，這裡有屬都湖全部的美景，可以真正親近高山牧場。
4. 冬季因為溫差，湖面上彌漫著一層虛幻縹緲的白霧，常有攝影愛好者在此紮營過夜，等隔日清晨捕捉這個景色。

網友按讚 👍

眼堂影底　這是很美的一個地方，山清水秀，山花爛漫，映著遠處的雪山藍天，宛如仙境。7、8 月來的時候並不覺得熱，繞著湖散步會很舒服。

冷焰火　藍色的湖面、無際的草原、蔥蘢的山嶺、晶瑩的冰珠，這是一個神奇而寧靜的世界。

❷ 彌里塘牧場

彌里塘離屬都湖景區 6 公里左右，行車十幾分鐘就可以到達，這期間要翻過一個山脊，這段路是在森林裡穿行，風景原始而美麗。在彌里塘站下車，有一個觀景臺，從觀景臺向下走一段不遠的路，就能夠置身在草原中了。

彌里塘高山牧場位在碧塔海與屬都湖間，因形似細長的佛眼而得名。整個牧場是亞高山草原，海拔 3700 公尺，據說牧場上生長的牧草富含蛋白質，牛羊吃了膘肥體壯，產奶量大，而且奶中含脂肪，可用來製作酥油和乳酪，因此彌里塘牧場一直是香格里拉的重要牧場。

牧場的東側上坡是高山櫟、雲杉、冷杉的混交林，林下分布亮葉杜鵑；南部山體上以大果紅杉為主；西部則是各類高山、亞高山植被的混合林。彌里塘盡頭有個桑措卡神泉，富神祕色彩，每逢初一、十五，當地藏族取其泉水用七支銅碗供奉在自家神龕上。

> **攻略**
> 1. 從牧場到碧塔海途中要翻過一道山嶺，山頂處有一個景觀臺，可以看到碧塔海的全貌，並拍全景照。
> 2. 從普達措返回香格里拉縣城的途中會路過天生橋溫泉，可以去泡一泡，消除一天的疲勞，門票人民幣 30 元。

> **網友按讚** 👍 **雙魚女** 掛著鈴鐺的犛牛們正悠閒吃草，天地如此廣闊，壓抑和束縛遠離，此時才明白為什麼藏族的歌聲可以有如此強的穿透力，那是沒有約束，充滿自由的心聲啊！

❸ 碧塔海

碧塔海意為櫟樹成氈的地方，被人們譽為高原明珠，是雲南省海拔最高的湖泊。碧塔海被黛色的群山環抱，像一顆鑲嵌在群山中的綠寶石。湖周圍杜鵑花絢麗燦爛，湖畔鳥語花香，魚群在淺灘岸邊游著。從杜鵑花海向外望去，在廣闊的草原上有成群的牛羊悠然徜徉，湖光與草原相映成趣。

「湖中之島」是整個景區最漂亮的地方，小島路徑曲幽，芳草襲人，鳥語花香。湖四周杉樹成片，春夏之際，杜鵑花競相開放，據說當杜鵑花謝飄入湖中，魚兒食後醉昏漂浮在湖面，遊客便可不勞而獲，林中的老熊也會趁月色來撈食醉魚，這就是有名的「杜鵑醉魚，老熊撈魚」奇景。

碧塔海修建有 4 公里長的環湖棧道。遊碧塔海有 2 種方式：一種是坐船遊，另一種就是沿環湖棧道步行遊覽。遊玩碧塔海最好走 30 分鐘的棧道，然後去搭船，搭船主要是去看湖中的小島，因為那裡是整個景區最漂亮的地方。

解說
　碧塔海是藏民心目中的「神山聖水」，其神奇宏偉的山水風光，自然顯現藏傳佛教中的「吉祥八寶」和眾生頌揚佛經的景象。

普達措示意圖

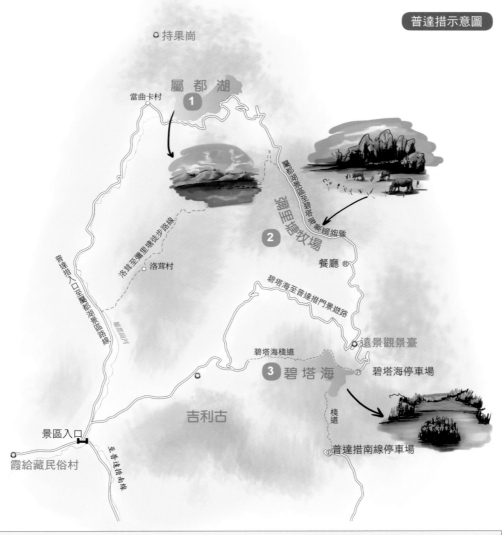

◦持果崗

屬都湖 **1**

當曲卡村

屬都湖景區環湖棧道、環湖棧道

彌里塘牧場 **2**

洛其至彌里塘徒步路線

◦洛茸村

餐廳 🚻

普達措入口至屬都湖景區路線

碧塔海至普達措門景遊路

屬前級村村

遠景觀景臺

碧塔海棧道

3 碧 塔 海

碧塔海停車場

吉利古

棧道

景區入口

普達措南線停車場 🚻

◦霞給藏民俗村

至香達措南線

網 友 按 讚 👍	豪行天下　早上溼溼的霧氣漫布在湖面，猶如到了仙境，相機隨便一拍就是經典美景，一草一木都展現著清新的氣息。 驢驢得逞　實在是一個讓人驚豔的地方，來過這裡後，覺得雲南之行沒有遺憾了。如此湛藍的天空、流雲、草原、花朵、湖泊，這輩子應該很難再看到這樣如真似幻的美景。

151 ♪

攻略

1. 遊完碧塔海後，可去碧塔海南線入口馬鹿塘看一看，此處是被普達措分割出來的一塊區域。順著木棧道走到南線盡頭的碼頭就要折回了，算是到此一遊。
2. 有條徒步路線可以走到普達措公園，在碼頭處能見到對面湖邊沿線。從碼頭折回走棧道，棧道分左右兩條，左邊的棧道距離湖邊不遠，能在棧道旁找到一條若隱若現的小路，幾乎沒人走，但有路的印記，不難發現。前行道路是一條被浸溼的泥路，可以踩著突出的樹根和石塊跳躍前行，一直沿著湖邊。幾十分鐘後跨過一座木橋，就達到碧塔海棧道。

攻略

景區交通 遊遍景區好 easy

接駁車：普達措國家公園很大，有接駁車前往各個景點，接駁車的費用已經包含在景區門票當中。

徒步：景區內各處都有景觀，體力較好的遊客可以多走段路，在棧道還有不少小松鼠出現，可以用零食去逗牠們。

遊船：碧塔海景區入口前 300 公尺有一個遊船碼頭，搭乘遊船環湖可以將人送至棧道另一頭，票價需另行支付。

住宿 背包客推薦的住宿地

到普達措景區遊覽可以當天返回香格里拉縣城住宿，如果是想花一天以上的時間在這裡深度遊覽，也可以選擇住在景區內。

普達措景區內部建有樹海旅館，位在景區內的中心位置，環境安靜優雅，不過房價稍貴。影星古天樂和鄭秀文拍攝的香港電影《高海拔之戀 2》，曾在此取景，美麗的愛情故事為這裡增添不少浪漫氣息。

美食 老饕一族新發現

普達措景區內彌里塘綜合服務區設有藏式風格的彌里塘餐廳，是一座外形呈紅色的木質建築，很有浪漫情調。餐廳面積很大，據說能容納 5000 人同時用餐，供應套餐和單點，每人平均消費大約人民幣 40 ～ 50 元，有犛牛肉、野山菌等當地特色美味，味道還不錯。

特別提示

1. 普達措為國家森林公園，遊覽時要注意保護環境，不要毀壞花草和景區內設施。
2. 香格里拉屬高海拔地區，要準備常用藥品；如果是夏季去旅遊，要攜帶雨具。

香格里拉大峽谷
心中的日月聖地

★ luchaoliang1123　香格里拉大峽谷震撼了我，也震撼了許多來訪的人。深峽激流籠罩在水氣雲霧中，顯得幽深神祕，猶如深藏在世外的「仙境」。這「仙境」在朦朧中又是一種富於傳奇色彩的驚險奇境，彷彿是探險者和江湖遊俠的隱居地。

★ huchunm　夏季時的大峽谷，也就是豐雨期，景色壯觀。4月初時水量小，氣勢沒有那麼磅礴，但此時的金沙江水顏色是藍色的，很漂亮。

門票和開放時間

門票：人民幣 210 元／人（含人民幣 150 元的大門票，人民幣 36 元觀光車費及保險費）。**開放時間**：8：00 ～ 19：00。

最佳旅遊時間

夏秋季節最佳，夏季看花海，秋季看繽紛。另外，農曆十二月十五是滇川藏族在仙人洞前聚會歌舞的節日，非常熱鬧。

進入景區交通

位置：雲南省迪慶藏族自治州香格里拉縣至鄉城公路 103 公里處（峽谷口位在格咱鄉翁水村）。

交通：1. 班車：在麗江汽車客運站乘坐麗江至香格里拉的班車，然後在香格里拉縣客運站乘坐開往大峽谷方向的班車，約 4 小時可到。下車後右轉步行約 100 公尺，就是峽谷的售票點。

班車有以下車次：香格里拉—鄉城，每天一班，上午 7：30 從中甸發車；香格里拉—稻城，隔天一班（逢雙號），上午 7：00 從中甸發車；香格里拉—東旺（和鄉城接壤），每天都有班車。

2. 包車：也可以包車到大峽谷，從香格里拉縣城包車來回，往返路程 6 ～ 8 小時，進出峽谷 2 小時。

這裡舊稱為「碧壤峽谷」，因峽谷一頭名「香格」，另一頭名「里拉」，故改名「香格里拉大峽谷」。大峽谷是由以碧壤峽谷為主，以及巴拉格宗大峽谷和木魯峽谷組成的峽谷群，所以也叫巴拉格宗峽谷。傳說《消失的地平線》裡描述的藍月亮峽谷就是這裡。走進峽谷，天藍、林密、水清，花香撲鼻，不時還會有啁啾的小鳥一掠而過，清靈秀氣，有如一片未受污染的淨土。

旅遊小 Tips

如果想在遊玩峽谷後當天返回香格里拉，一定要在 14：30 前後在峽谷口等候（在峽谷遊玩大約 2 個小時就夠了），因為稻城──香格里拉的班車會在下午 14：30 至 15：00 經過峽谷口返回，錯過這班車，就只能在峽谷口的旅館過夜了。

峽谷深而窄，壁高 1000 多公尺，最寬處約 80 公尺，最窄處僅 10 多公尺，可謂「一線中分天作塹，兩山峽斗石為門」。碧壤河水從切割深度為 1 ～ 2 公里的碧壤峽谷中沖出，在 2.5 公里長的懸岩絕壁間，形成洶湧的激流、轟鳴的聲響。深峽激流又籠罩在水氣雲霧中，顯得幽深神祕，猶如深藏在世外的「仙境」。

攻略

大峽谷全長 120 公里，在峽谷的 60 公里處有一個美麗的高山牧場，到了牧場後可以繼續往裡面走，開始進入原始森林，裡面另有一番風景，值得進去。每人只要再另付人民幣 20 元，人多可以議價。

峽谷中間的崗曲河，是被新造山運動擠壓在海拔僅 1000 多公尺的谷底，而兩岸對峙的是壯麗的峰巒，峽谷是盡頭海拔 5545 公尺的巴拉格宗雪山，是康巴地區的三大神山之一，谷底的參天古木彷彿已經和湧流絕壁融為一體，顯示出強大的生命力。當幽深的峽谷突然變開闊，莽莽林海、青青草原就在眼前鋪展，那林海是至今保存完好的原始森林，因藏民們用歌舞留佛而著名於世的赤土仙人洞就在這裡。

旅遊小 Tips

1. 每年 11 月左右，由於大雪封山，開往峽谷的班車均被取消，需要避開此時間前往香格里拉大峽谷。
2. 到峽谷群內要做好步行的準備，建議穿著舒適的鞋子，並攜帶足夠的衣物。

赤土仙人洞是一個很大的喀斯特溶洞，洞口石壁上天生一個腳印，五指俱全，被視為世間少有的奇特景象。此外還有一泉水名叫「喊泉」，泉眼深藏洞中，人到洞前大喊數聲，一股泉水從洞中的噴湧而出，滋味甘甜，據說還能治病。

> **故事**
>
> **仙人洞的傳說**
>
> 　　傳說，當年藏傳佛教弟子喜洛桑波，不遵師命，強行開洞門。洞內菩薩因洞門早開而欲離去，喜洛桑為了留住菩薩，便帶領許多信徒在洞前跳起鍋莊舞，終於留住菩薩。從此，農曆十二月十五這天，便成為滇川藏族在仙人洞前聚會歌舞的節日，優美的歌聲此起彼落，在香格里拉大峽谷迴盪。

 **攻略**

景區交通 遊遍景區好 easy

　　觀光車：景區內有觀光車，可在售票處諮詢，車票包含在門票中。

　　騎馬：大峽谷全長 160 多公里，全程共有 8 座橋，遊客大多從入口走到第 4 座橋後就返回。第 4 座橋後面會進入一片不大的原始森林，這段路程徒步往返需要 2 小時左右。可以向當地居民租馬匹進入峽谷，牽馬人和遊客談的價錢以走過橋樑數來計費，淡季可殺價。

住宿 背包客推薦的住宿地

　　大峽谷入口處有一家旅社，但是非常小，接待能力有限。可以返回香格里拉縣城或獨克宗古城，那裡的食宿點較多。

美食 老饕一族新發現

　　在中鄉公路和峽谷口的三岔路口處有 3 家餐廳，但最好自備礦泉水和乾糧。

梅里雪山
世界上最美的雪山

★ Sophia 蘇菲亞　梅里雪山的景色很難單純用言語來表達，山頭有白雪覆蓋，在藍天白雲下，交織出一幅美麗的畫卷。

★雪狐安拉　在那裡不會再想世間的煩心事，只會一次又一次被眼前的景象所吸引，能感受到一種難得的放鬆。

★流氓兔　梅里是神居住的地方，彷彿可以與世隔絕，忘卻一切的煩惱。

門票和開放時間

門票（人民幣）：150 元套票（含金沙江大灣、霧濃頂觀景臺、飛來寺觀景臺）；228 元套票（含金沙江大灣、霧濃頂觀景臺、飛來寺觀景臺、明永冰川）；230 元套票（含金沙江大灣、霧濃頂觀景臺、飛來寺觀景臺、雨崩）。**開放時間**：7：00 ～ 16：00。

最佳旅遊時間

遊覽梅里雪山的理想季節是 10 月至次年 5 月的冬春季，最佳季節是 10 月底前後，天氣晴朗，空氣潔淨，透明度高，常能看到「日照金山」的美景。

> **旅遊小 Tips**
>
> 遊客都會去明永冰川，可以先從德欽到飛來寺觀梅里雪山，然後租車跨瀾滄江到布村。到布村的 40 公里路程為簡易公路，只能通行越野吉普車。到布村後，可步行至明永村住宿。

進入景區交通

位置：雲南省迪慶州德欽縣升平鎮。

交通：1. 班車：香格里拉至德欽，每天有 5 班車，路況不太好，途經奔子欄、東竹林寺和白茫雪山，大約需要 7 ～ 8 小時，中間可在奔子欄吃午餐。

2. 包車：如果想玩得更盡興，從香格里拉到梅里雪山最好是包車，途中經過尼西、奔子欄、東竹林寺、白茫雪山、德欽縣城、飛來寺，最後可到明永冰川，一路上景色非常好。如果在傍晚路過飛來寺，還有可能看到景色絕佳的梅里夕照。包車前要和司機談好價格，注意事先要把目的地和行程路線確認清楚，以減少不必要的麻煩。

處於世界聞名的金沙江、瀾滄江、怒江「三江並流」地區一座南北走向的龐大雪山群體，北段稱梅里雪山，中段稱太子雪山，南段稱碧羅雪山，北連西藏阿冬格尼山，平均海拔在 6000 公尺以上的便有 13 座，稱「太子十三峰」。

梅里雪山峰型猶如一座雄壯高聳的金字塔，因山中時隱時現的雲海而更顯神祕，有「雪山之神」的美譽。其主峰——卡瓦柏格峰是雲南第一高峰，海拔 6740 公尺，是藏傳佛教寧瑪派分支伽居巴的保護神，是「藏區八大神山之首」，每年的秋末冬初，西藏、青海、四川、甘肅的大批教徒千里迢迢趕來朝拜，虔誠艱辛的場面令人歎為觀止。

由於受季風影響，雪山乾溼季節分明，且山體高峻，形成迥然不同的垂直氣候帶，雪線以下冰川兩側的山坡上，覆蓋著茂密的高山灌木和針葉林，鬱鬱蔥蔥，與白雪相映出鮮明的色彩。林間分布有肥沃的天然草場，竹雞、獐子、小熊貓、馴鹿和熊等動物活躍其間；高山草原上還盛產蟲草、貝母等珍貴藥材。

攻略

雪山觀景

1. 梅里雪山氣候瞬息萬變，在清晨太陽剛出來的時候較容易看到山體全貌。
2. 秋末和春初，觀卡瓦柏格峰最佳時間是早上 8 ～ 9 點左右，能看到雪峰下，針葉帶有一條白色雲帶，當地藏民稱為「卡瓦柏格獻哈達」。隨著太陽的升高，雲帶不斷上升，中午時分，雲朵飄浮在卡瓦柏格峰頂上，此為「卡瓦柏格打傘」，能領略此種景色的機會不多，據藏民傳說，只有有緣人才能有此福分。
3. 雪山觀景有幾個地方還不錯，一是 214 國道下了白茫雪山，可以看到梅里雪山全景，但公路狹窄，不宜久留；二是霧農頂觀景臺，從中甸方向進入德欽的 214 國道上，離德欽縣城約 15 公里，建有 13 座白塔，地勢開闊，頗為壯觀；三是飛來寺燒香臺，是觀看日出和日落的好地方。

故事

卡瓦柏格峰的傳說

在松贊干布時期，相傳卡瓦柏格曾是當地一座無惡不作的妖山，密宗祖師蓮花生大師歷經八大劫難，驅除各般苦痛，最終收服卡瓦柏格山神。從此它受居士戒，改邪歸正，皈依佛門，成為千佛之子嶺尕的制敵寶貝——雄獅大王格薩爾的守護神，稱為「勝樂寶輪聖山極樂世界的象徵」，多、康、嶺（青海、甘肅、西藏及川滇藏區）眾生繞匝朝拜的勝地。

❶ 飛來寺

　　飛來寺藏名叫「那卡棽西」，距飛來寺觀景臺（遊客居住處）1 公里，距離德欽縣城 8 公里，是觀賞梅里雪山的理想地點。該寺始建於明代，沿途古松林立，景色優美。傳說，飛來寺建寺的木料都是南卡曲傑嘉措活佛運用法力，從尼農、距達等村子凌空運來，所以才叫「飛來寺」。

　　飛來寺建築高低錯落，殿堂屋宇呼應配合，全寺由子孫殿、關聖殿、海潮殿、兩廂和兩耳、四配殿組成，寺內建築的安排具有三教合一的特點。正殿供奉有太子雪山神、蓮花生以及覺臥那卡棽西佛造像，旁邊設有轉經堂和燒香臺，供朝山者中途休息時燒香使用。殿內三面牆上還會有色彩絢麗的壁畫，內容為格魯派創始人宗喀巴大師、釋迦佛、十一面觀音、勝樂金剛、佛教護法諸神、飛來寺的建寺者竹巴那卡降乘、 欽寺以及四川甘孜州等幾個大寺的活佛畫像。

攻略

雪山觀景

1. 飛來寺附近建有一個觀景臺，運氣好的話，在這裡能夠看見梅里雪山主峰卡瓦柏格峰，偶爾還會有日照金山的美景。
2. 雪山下的取登貢寺、袞瑪頂寺是藏民朝拜神山的寺宇。藏曆羊年是梅里雪山的本命年，雲南、四川、西藏和甘肅等地，許多藏族群眾都會在這一年趕來進行登山朝聖儀式。對梅里雪山的登山朝拜是一個虔誠而複雜的過程，分內轉經和外轉經，內轉經大約 4 ～ 5 天的時間，外轉經則為半個月到一個月。朝拜者從住地出發，再繞梅里雪山轉一圈。

故事

飛來寺的傳說

　　飛來寺的建造及命名，有一個頗具傳奇色彩的故事。據說建寺時，選址原定在現址 2 公里以外的地方，就在全部建材已經準備齊全，即將破土動工的頭一天晚上，樑柱等主要建築材料不翼而飛，住持和尚派人追尋蹤跡。找到現址時，發現樑柱已按規格豎好，人們認為這是神意，於是把寺建成於現址，並因樑柱飛來自立，命名為「飛來寺」。

❷ 明永景區

　　梅里雪山以其**巍峨壯麗**、神祕莫測而聞名於世，主峰卡瓦柏格峰下，冰斗、冰川連綿，猶如玉龍延伸，冰雪皚皚，是稀有的海洋性現代冰川，其中以明永冰川最壯觀。

　　明永冰川因冰川下有個村寨名叫「明永」而得名。由於所處的雪線低，氣溫高，消融快，靠降水而生存，因而運動速度也快。冬天時，冰舌可以從海拔 5500 公尺往下延伸到海拔 2800 公尺處，如一條銀鱗玉甲的遊龍，從高高的雪峰一直延伸到山下，直撲瀾滄江邊，離瀾滄江面僅 800 多公尺，猶如一匹從天而降的白馬。在強烈的陽光照射下，吐焰噴光，灼面奪目，氣勢壯觀。

　　冰川腳下是太子廟，為朝拜神山的香客休息地，分為「滾堆」（上太子廟）和「滾美」（下太子廟）兩部分。太子廟常年香火旺盛，信徒們絡繹不絕。藏民在太子廟轉經朝拜後，才徒步攀爬聖潔的冰川，他們視此為吉兆。

旅遊小 Tips

由於全球暖化、遊客增多等原因，明永冰川近年來有消退的趨勢，當地百姓將此歸罪於前來的中外登山客，認為他們觸怒神靈。為了保護梅里雪山的原始環境，當地政府現在已經禁止攀登梅里雪山。

網友按讚 👍 **媽媽的太子** 從觀景臺上雖然可以看到明永冰川，但是從這個角度看到的冰川並不特別美，可能是因為冰川一路從山上流過來，擠落了路過山岩泥沙的關係吧！

攻略

1. 通常早上包車前往飛來寺，行駛 37 公里，過瀾滄江橋，向右到達明永冰川停車場，途中公路邊有一處插滿經幡的地方，是拍攝主峰和冰川的極佳地點。
2. 當天可以住明永冰川，但山谷裡看不到雪山，建議返回飛來寺住宿。出景區時登記後，第二天即可不用再買門票。

❸ 雨崩景區

雨崩是距離雪山最近、海拔最高的村莊，地處梅里雪山背面，卡瓦柏格峰南側。全村四面群山簇擁，因為地理環境獨特，人煙稀少，全村只有二十幾戶人家，僅透過一條驛道與外界相通，幾乎與世隔絕。村裡有雪山、冰川、牧場、溪流和原始森林來，行走其間讓人感覺有如世外桃源。

梅里雪山示意圖

卡瓦柏格峰的南側還有從懸崖上傾瀉而下的瀑布，在夏季尤其壯觀。因為雪水，從雪峰中傾瀉，所以色純氣清；陽光照射，水蒸騰若雲霧，水霧又將陽光映襯為彩虹。雨崩瀑布的水在朝山者心中也是神聖的，他們潛心受其淋灑，有吉祥的意思。

　　雪山的高山湖泊、茂密森林、奇花異木和各種野生動物也是雪域特有的自然之寶，且神祕莫測。若有人高呼，就有「呼風喚雨」的效應，所以路過的人幾乎都斂聲靜氣，不願觸怒神靈。完好、豐富的森林則是藏民們以佛心護持，未遭破壞的佛境。

攻略

1. 上雨崩村和下雨崩村間雖然只隔一條河，但是需要上坡下坡，頗耗體力，步行需 1.5 小時，建議住在下雨崩村。要前往大本營的人、冰湖，建議住在上雨崩村，可以節省時間和體力。

2. 第二天去大本營、冰湖：從上雨崩村出發去大本營，到達大本營後，沿右邊的小路走可以看到冰瀑。從冰瀑繼續走，這條路右邊的岔路可到達冰湖欣賞雪崩，也可原路返回，結束行程。

網友按讚 👍　午夜精靈　雨崩村是梅里雪山神女峰腳下一個藏族自然村莊，那裡有日照金山，有彩虹，有大朵的白雲，行走其間頗有世外桃源之感，真是香格里拉的縮影。

攻略

景區交通 遊遍景區好 easy

雨崩村：有 2 條路線進入雨崩，一是完全徒步，從飛來寺下山，直達瀾滄江邊，過吊橋，爬山到西當溫泉，當晚住在西當溫泉。第二條路線是從飛來寺乘車 1.5 小時到達西當溫泉，直接從西當溫泉步行出發，中午可達 3700 公尺的南宗埡口，下午到達上雨崩村，可選擇住在那裡。從西當溫泉到南宗埡口也可以租馬前往，12 公里人民幣 105 元。

明永冰川：上下明永冰川需要 4 ～ 5 小時，景區有停車場，經過觀景臺、棧道、太子廟，最高可達蓮花寺，一路有多處宗教遺蹟。不願步行的遊客可以騎馬上太子廟，上山人民幣 60 元／人，下山人民幣 20 元／人，騎馬往返蓮花寺人民幣 105 元／人。

住宿 背包客推薦的住宿地

飛來寺住宿：飛來寺是從遠處觀賞梅里雪山的最佳地點之一，附近有不少賓館和客棧，口碑較好的有梅里往事，是一個歐式木樓旅館，1 樓是餐廳和酒吧，2 樓有面朝雪山的大陽臺，最好提前訂房，電話：0887-8416617；梅里山莊，飛來寺最早的客棧，標準客房有衛浴設備和 24 小時熱水，電話：0887-8416608；南卡酒店，大部分客房的窗戶對著梅里雪山，是這裡位置最高的一間酒店，天臺是看梅里日出的絕佳位置，電話：0887-8414888。

雨崩村住宿：上雨崩村和下雨崩村都有村民接待站可供住宿；此外，也可以選擇中日聯合建造的笑農大本營住宿。這裡的飯食簡單，為酥油茶、粑粑、馬鈴薯等。

明永村住宿：明永村目前有多間民宿，為當地村民所開辦，可自行與他們商量價格，通常人民幣幾十元即可入住。明永冰川旁邊的明永山莊（電話：13988714259）房價約人民幣 60 元，為明永藏式風格建築。另外在攀登冰川的中途有寺廟，也可以借宿。

美食 老饕一族新發現

德欽縣城居民以藏族為主，因此這裡的飲食多為藏族風味。藏式糕點是藏家的特長，常見的有油炸果、龍眼包子等。此外，還能吃到酥油茶、糌粑等藏式飲食。

因為交通不便、物資匱乏等原因，梅里雪山景區內的飛來寺、雨崩村和明永村等地飯菜種類較少，價格也略貴。沿途的餐廳裡都能提供普通的飯菜，此外，各村之間的路上都有補給站，裡面有供應泡麵、烙餅、飲用水等。

PART 5
大理

大理古城
山環水繞古韻濃

★○自由○　大理是個很適合旅遊的地方，風景很美，家家有花，戶戶有草，就算是人多，也感覺跟別的城市不太一樣。

★陳陳　整座古城很寧靜、安詳，也很乾淨，有許多歷代沉澱下來的歷史痕跡，使這座古城多了一份文化韻味。

門票和開放時間

門票（人民幣）：進入古城免費，崇聖寺三塔 121 元，五華樓 2 元。

開放時間：古城全天開放，崇聖寺三塔為 8：00 ～ 19：00。

最佳旅遊時間

大理古城最佳旅遊季節為 3 ～ 8 月，白族的很多節日和盛會多集中在每年的 3 ～ 4 月，如農曆三月十五的三月街，此時來遊，會感受到濃郁的民族風情。

進入景區交通

位置：大理州大理市蒼山腳下，距大理市下關 13 公里。

交通：1.公車：在大理下關乘坐 4 路公車，約 40 分鐘即可到達古城，車費人民幣 1.5 元；如乘火車到大理，可直接在大理火車站坐 8 路公車，終點站就是大理古城。

2. 小巴車：遊客還可乘坐位在下關建設路和文化路上的小巴前往古城，約 30 分鐘即可到達。

3. 計程車：從下關到古城可與司機商討價格，不跳錶，約人民幣 40 元左右。

大理古城簡稱榆城，位在風光無限的蒼山腳下，面臨洱海，距大理市下關 13 公里。大理古城的歷史可以追溯到唐代，現在我們所見的古城始建於明洪武十五年（1382年），大理古城是全國首批歷史文化名城之一。居民不論貧富，都有在庭院內養花種草的習慣，因此大理古城有「家家流水，戶戶養花」的說法。

大理古城的布局保持著明、清時期的棋盤式方格網狀結構，有九街十八巷的稱呼。城內由南到北，一條大街橫貫其間，由西到東則是一條條深街幽巷縱橫交錯。全城的建築為清一色的清瓦屋面，白族民

大理古城示意圖

居、作坊、商店、寺廟、教堂等古建築各具特色，共同訴說著大理的古樸和幽靜。

攻略

節慶娛樂

1. 農曆初二、初九、十六、二十三是古城趕集的日子，當地叫「街天」，此時可以更加深入瞭解古城當地的日常生活。

2. 古城的酒吧和咖啡館不定時舉辦小型的音樂演出，多數免費，部分要收費，演出票價約人民幣 20 ～ 30 元。演出廣告多張貼在人民路上。

3. 每年農曆三月十五至二十一左右舉行三月節，地點在大理古城西蒼山中和峰東麓。每逢「三月節」，中外客商雲集，並舉行民間體育活動。

4. 大理白族繞三靈在每年農曆四月二十二至二十四舉行，為期 3 天，是農閒季節白族民間的自娛性迎神賽會，多在蒼山洱海周邊的白族村寨舉行。第一天在大理古城崇聖寺（佛都）附近繞「佛」，第二天在喜洲慶洞（神都）繞「神」，第三天在海邊（仙都）繞「仙」。

5. 大理火把節於每年農曆六月二十五舉行，人們在村寨所有的大樹上，繫上成團、成束的紅花，象徵「紅花火樹如炬燃」。當天上出現第一顆星星時，人們各舞一把點燃的小火把，載歌載舞，環「紅花火樹」唱頌。

❶ 五華樓

　　五華樓是大理古城的代表性建築，位在古城正中央復興路上的繁華地帶，整個建築為四亭拱托形，周圍有流水環繞。現在的五華樓是在1998年重建，是一座高20多公尺的四層建築，下面的一層為臺座，上面的三層為樓體，其精美的造型讓人讚歎。

旅遊小 Tips

想要深入體驗大理的風土人情，推薦在節慶期間探訪大理，蝴蝶會、繞三靈、火把節、石寶山歌會、耍海會、雞足山朝山會等，這些地方氣息濃郁的節日，展現出大理生動多姿的一面。

　　五華樓三層樓室有木雕格子門和木雕花窗，雕刻藝術精湛，令人賞心悅目。樓頂和屋簷是青瓦木樑、四角起翹的斗拱飛簷，樑柱縱橫相連，四面八方互相呼應，像一隻展翅騰飛的鳳凰，古樸莊嚴，又華麗飄逸。每天晚上，五華樓旁邊都會播放以大理為背景的電影《五朵金花》，可免費觀看。

網友按讚 👍

arcticfox　悠閒的古城，讓人不想再回到都市。不管是清晨、傍晚或深夜的古城，都會有不同的韻味。

午夜精靈　勞逸結合的白族生活，典雅莊重的城鄉建築，如詩如畫的田園風光，古樸優美的節慶活動等，所有的這一切都會讓嚮往大理、留戀大理。

❷ 洋人街

　　洋人街是一條長300多公尺的小巷，位在大理古城護國路。1984年大理被列為對外開放城市，蜂擁而至的外國背包客將這裡變成背包客的集散地，於是許多專門為外國遊客提供服務的商店，如雨後春筍般增多，這條路也逐漸被人們稱做「洋人街」。

　　洋人街雖然不長，但卻是整個大理古城最為繁華的路段，集聚眾多酒吧，各式風格的裝潢成為這條小街的主要特色。夜晚的洋人街，熱鬧中蘊涵著靜謐，既有幽雅的情調，又有美麗的面紗。整條街的燈光五彩繽紛，把街道裝點得很熱鬧。

網友按讚 👍 原味奶茶　整個古城非常熱鬧，每家門口都有水流過，在大街上常會看見穿著當地少數民族衣服的大媽，背著竹簍走過。古城內還有著名的洋人街，有多間歐美人士所開設的酒吧，每間酒吧都很有特色。

chao123　這裡的建築都是白族民居式，有很多賣紀念品的商店，晚上很熱鬧。洋人街上的酒吧很不錯，有一家還有砂鍋魚，味道很好，價格也合理，建議晚上去逛一逛。

❸ 人民路

人民路自東而西，一路從洱海門朝著蒼山上行，微微有些坡度。路兩邊大多是陳舊的老宅院，還連著七彎八轉的小弄堂，有時走在人民路不經意停下，往弄堂深處探望，總有歲月滄桑的感歎。兩面高聳的白牆在青苔與塵土撫摸中漸漸變老，慈眉善目。牆頭綿延的青瓦上，總有出牆的姹紫嫣紅，為這片老房增添新語。

❹ 三月街

三月街位在大理古城城西，是雲南著名的三月街民族藝術節的舉辦地。每到「三月街」節日期間，遠至千里，近到鄰縣的商人群眾，從四面八方趕來參加交易。市場裡的商品，從藥材到食品，從傢俱到牲畜，應有盡有，是滇西商品交易的最大聚集地。

現在的「三月街」節日期間，除了物資交流，還會有民族歌舞表演、體育活動等，特別是參加賽馬會的各族騎手，他們雲集蒼山腳下，揚鞭策馬，騰雲駕霧似的向洱海邊奔去，情景壯觀。

故事

三月街的傳說

傳說雲南洱海邊上住著一位年輕的白族漁夫阿善，夜晚，在湖畔打魚，彈著三弦，唱起漁歌，歌聲傳到龍宮，龍王小女阿香聽見後，來到船上，與阿善結為夫妻。三月十五，是月亮裡趕集的日子，阿香變成小黃龍，馱著阿善來到月宮，與嫦娥、吳剛一起在月宮裡大青樹下的月亮街遊玩。

回到村裡後，他們把月亮裡趕集的情況告訴鄉親，於是大家決定模仿月亮街，在蒼山腳下種 3 株大青樹，每年農曆三月十五在大樹周圍擺攤設點，讓四鄉八寨的人前來趕集。後來，這個傳統被保留下來，被人們稱為「三月街」。

攻略 復興路西側的文化園內有個古城圖書館，1樓報刊閱覽室裡能讀到大理州出版的《大理日報》、《大理文化》等，3樓文獻資料室基本不開門。大理還有不少有個性的書店，如五華書苑（洋人街上）主打人文類書籍、外文書和影音光碟，老闆選書品味高；樹人書店（復興路）也能買到不少關於大理的人文書籍。

❺ 崇聖寺三塔

出大理古城，往西北走大約1公里就是著名的崇聖寺三塔公園。崇聖寺曾經是古代南詔國、大理國的皇家寺院，寺院內的三塔是大理古城的代表性建築。大理國古時曾有9位國王禪位為僧，任崇聖寺住持，所以崇聖寺有「佛都」的稱呼。

整座崇聖寺依山而建，坐西朝東，從三塔公園向上到望海樓，總長達到4公里。從望海樓上可以一覽崇聖寺全景。

崇聖寺三塔西傍巍峨蒼山，東臨秀麗洱海，三塔渾然一體，氣勢雄偉，具有古樸的民族風格。三塔由主塔千尋塔和南、北兩座小塔組成，呈鼎立姿態。三塔基座均為四方形，塔周邊有石欄，石欄柱上雕刻有石獅。東面正中的石壁上書有「永鎮山川」四字，剛勁有力，是沐英後裔明代黔國公孫世階的筆跡。

主塔千尋塔是一座方形密簷式塔，共有16層，高近70公尺，塔外壁用白灰塗過，每層四面俱有龕，供奉著佛像。後面的小塔與主塔等距70公尺，兩座塔的造型一致，都是10層八角形簷式空心磚塔，高40多公尺。外觀是閣樓式造型，頂端是鎦金塔剎寶頂，造型華貴。

攻略

1. 塔內裝有木骨架和樓梯，拾級而上，登上塔頂可從瞭望小孔中觀賞旖旎風光。但是現在出於對文物的保護，遊客只能在外欣賞。建議在黃昏時分參觀，感受皇家寺院的靜穆大氣。
2. 由於門票略貴，對票價有所顧慮的話可不必買票進去，只要花人民幣4元單票到三塔倒影公園，一樣可以欣賞到三塔雄姿，這裡同時也是拍攝三塔倒影最佳的位置。

攻略

景區交通 遊遍景區好 easy

　　大理古城不大，在城內可以租到自行車，古城博愛路一帶有很多租車店，租金人民幣 10 ～ 12 元／天，注意要先檢查好車況。不過如果只是在古城裡面閒逛的話，選擇步行也是一件很愜意的事情。

住宿 背包客推薦的住宿地

　　大理古城裡有很多家庭旅館和客棧，首選是古城郵政大樓對面洋人街一帶的旅館，環境治安都好，從二星級的金花大酒店到青年旅舍，滿足不同遊客需求。其中，洋人街上的青年旅舍名氣不小，普通房人民幣 40 元，經濟實惠，是不少單車族、背包族的首選。

　　博愛路和復興路上也有好幾家不錯的旅店可供選擇，但要盡量提早預訂。在大陸長假期間，房價可能上漲為平時的三倍甚至更高，要早做準備。可選擇：

　　大理新四季（春夏秋冬）青年旅舍：客棧是一座由春風閣、夏花苑、秋月樓、冬雪居組成的白族民居庭院。房間寬敞明亮，古樸自然。客棧附近交通便利，還有很多好吃的餐廳。

　　地址：大理古城人民路與博愛路的交口　電話：0872-2671668

　　大理古城一品格客棧：客棧由一座 2 層樓的白族建築改造而成，有庭院和雅緻的書房。獨創的裝潢與物品設計。客棧附近有一家早餐店，早餐種類很多，值得一去。

　　地址：大理古城人民路下段 5 號　電話：0872-2514577

　　大理考拉假日客棧：客棧位在古城東門，面朝蒼山，鳥語花香，鬧中取靜，住宿環境舒適。能同時感受到大理本土風情和澳洲、泰國的獨特風格，客房裝潢也圍繞著這 3 個主題。還設有卡拉 OK 廳、撞球臺、棋牌室等休閒娛樂空間。

　　地址：大理古城東門玉洱路 64 號　電話：0872-5364461

　　大理古城彼岸花開客棧：客棧靠近博愛門和紅龍井水景街，主樓一共 3 個樓層，10

間客房，包含蜜月房和家庭套房等不同房型，頂樓還有一個超大觀景平臺，可以俯瞰大理全景。

　　地址：大理市大理古城博愛路上菜園 18 號

　　電話：13508727794

　　大理慢吧國際青年旅舍：這間旅舍曾被旅行雜誌推薦，人氣很旺，要事先預訂好房間才能入住。是位在古城核心的白族大院，交通方便。旅舍用木頭和石

頭作為建築材料，中央有座花園，樹木蔥蘢，呈現出自然的氣氛。提供免費無線 Wi-Fi 網路，有非常大的公共區域，方便房客們互相談天、交流。

位置：大理古城銀蒼路 17 號　電話：0872-2675777

大理是個越住越有人情味的地方，如果想在此小住或久居，可以找家地段較偏的小客棧包月住宿，標準客房每月人民幣 400 ～ 500 元起（農曆春節及長假期間除外）。或在某個當地人的院子裡分租一個小房間，租金每月人民幣 200 ～ 300 元起。如果是租農民自己蓋的房子，則更為便宜。

美食　老饕一族新發現

大理的特色美食有洱絲、烤乳扇等，古城人民路上的蒼洱春是品嚐當地小吃不錯的地方，菜做得非常棒，而且很實惠。在大理古城的護國路洋人街上，許多餐廳都是兼售中西餐，可以品嚐到雲南風味的菜餚，以及當地的白族、藏族特色菜，其中，以擁有白族「三道茶」及藏族「酥油茶」而馳名海內外的太白樓堪稱代表，來這裡飲茶的中外遊客很多。

此外，復興路上有一條美食街，夜晚華燈初上的時候，到這裡逛逛是一個不錯的選擇，滿街的香味會讓人留連忘返。

當然，大理古城吸引人的地方不僅是食物，更在於這裡的咖啡館和餐廳，他們為遊客提供一種寧靜而輕鬆的氣氛，在洋人街，人們可以聽著音樂，喝著冰涼的啤酒，度過一個悠閒的下午。

三道茶：雲南白族招待貴賓時的一種飲茶方式，屬於茶文化範疇內。白族三道茶，以其獨特的「頭苦、二甜、三回味」的茶道而馳名中外。

餐廳推薦：太白樓（洋人街內）。

砂鍋魚：大理地方名菜之一，將嫩雞片、冬菇等 10 餘種配料再加上洱海出產的弓魚或鯉魚慢慢燉成，可在遊船上以及大理各大飯店品嚐這道佳餚。價格約人民幣 50 元／鍋，足夠 3 ～ 4 人吃，味道非常鮮美。

餐廳推薦：梅子井酒家（大理古城人民路 130 號）。

乳扇：是一種呈扇形的乳製品，分乳白、乳黃色兩種，具有營養價值高、醇香可口等特點，是當地白

族群眾招待客人的上等菜。乳扇既可生食，又可油煎入席，既可成型即用，又能長久保存。

餐廳推薦：楊記乳扇（大理古城復興路蒼屏街）。

木瓜雞：木瓜雞以1500克左右的仔雞為主料，宰殺清洗後斬為小塊，放入燒熱的香油鍋裡翻炒後，加鹽、放水煮至7分熟時，加入削皮切絲的木瓜，繼續燒至雞肉酥嫩，再加入調味料即成。

餐廳推薦：益恆飯店（大理古城人民路117號），蒼洱春（大理古城人民路84號）。

雕梅：白族傳統名特食品，在唐代南詔時期就有探親訪友相互饋贈雕梅的風俗。雕梅因在青梅果上雕刻花紋而得名，食味清香、脆甜，酸中帶甜，沁人肺腑，生津解渴，開胃提神。

涼雞米線：是用涼米線和煮熟的雞肉絲「罩帽」，外加核桃醬和小粉做成的滷汁，極爽口。

購物 又玩又買嗨翻天

在大理，想帶幾件別緻的小禮物回家送人，不愁找不到地方。大理古城中的護國路是必訪地，集中各種少數民族織品、工藝品和滇藏各地特產，古董店眾多，讓遊客慢慢挑選、殺價，能夠買到心儀的商品。

在古城還可以買到用天然大理石製作的文房四寶、花盆、花瓶、燈具等大理石工藝品。買大理石製品推薦到古城北門外或三塔旁的三文筆村大理石集散地。在大理城，富有民族特色的白族蠟染、紮染等手工藝品隨處可見，推薦洋人街上段的幾家商店，口碑不錯。大理鄧川乳扇非常出名，下關沱茶形如蘑菇帽，經久不變味，香氣獨特，各土雜店及農貿市場都有銷售。

行程推薦 智慧旅行勝導遊

五華樓—弘聖寺—三月街—三塔公園—三塔倒影公園—洋人街。

如果待在古城遊覽的時間充足，可以留段時間在古城裡閒逛，前往位在新民路的天主教堂看看。到了晚上就一定要去洋人街逛逛，晚上的洋人街才是古城真正的魅力所在。

蒼山
東方的阿爾卑斯

網友推薦

★○自由○　蒼山和遠處的洱海融為一體，很壯觀，讓人有一種想歡呼的感覺，白雲縈繞，如人間仙境。

★花深豬　去了之後看到滿眼的青綠，讓人心情舒暢，山頂白雪皚皚，銀妝素裹，終夏不消，在陽光下晶瑩潔白。走到山腰時，白雲縈繞，蔚為奇觀！

門票和開放時間

門票（人民幣）：30 元。感通索道 110 元（往返，含蒼山門票），蒼山大索道單程 182 元（含蒼山門票），雙程 282 元（含蒼山門票、天龍八部影視城門票和影視城電瓶車費用）。

開放時間：8：00 ～ 18：00。

最佳旅遊時間

春季是遊覽蒼山的最佳季節，白族有許多節日和盛會集中在每年的 3 ～ 4 月，此時會感受到濃郁的民族風情。

進入景區交通

位置：大理市大理古城西部山區。

交通：蒼山共有 3 條索道。第一條索道入口位在大理古城外的三月街，索道終點為蒼山山腰的中和寺；第二條索道（大索道）入口位在天龍八部影視城，終點在蒼山山頂的洗馬潭；第三條索道入口位在感通寺，終點為清碧溪。

　　美麗的蒼山位在大理古城西部，又稱點蒼山。蒼山共有 19 座山峰，北起洱源鄧川，南至下關天生橋，整個山體如同一道綠色的屏障，雄峙於洱海西岸，蒼山上的每座山峰海拔都在 3500 公尺以上，最高的馬龍峰海拔為 4122 公尺。

　　蒼山的風景以雪、雲、泉、石著稱，經夏不消的蒼山雪，是大理「風花雪月」四大名景之首。蒼山山頂有洗馬塘、黑龍潭等湖泊，這些湖的湖水清澈蔚藍，環境清幽，每兩座山峰間都有一條溪水，從山間飛流而下形成飛瀑疊泉，最後注入洱海裡，就是著名的蒼山十八溪。

❶ 天龍索道

　　蒼山大索道於 2010 年啟用，是蒼山景區 3 條索道當中，風景最美、距離最長的一條，也是當前遊覽蒼山的最佳選擇。整條索道全長 5555 公尺，垂直高差 1648 公尺，一路上可以真切感受到「一山分四季」的奇特景觀。

　　七龍女池和洗馬潭是蒼山大索道的主要景區。相傳「七龍女池」是洱海龍王的 7 位龍女沐浴休息的場所。這裡溪水延綿不絕，清澈見底，景色一潭比一潭奇，非常優美。洗馬潭位在玉局峰和龍泉峰頂的交接處，據說在大理國時期，元世祖忽必烈南征大理，圍困大理國都羊苴咩城，一時難以攻克，於是派奇兵翻越蒼山，最終攻陷大理國羊苴咩城，這批兵馬曾在山頂歇營洗馬，洗馬潭也因此而得名。

網友
按讚

坑子小悠靜　陰天去時，空氣宜人，走在山路上特別舒服，越走到上面，山上的霧氣就越濃，山腰處被白雲縈繞著，好像走入仙境。
雪狐安拉　蒼山的清碧溪非常漂亮，有如瑪瑙碧玉，彷彿是一條繫在山間的綠色彩帶。

❷ 蒼山索道

　　蒼山北側的一條索道叫做蒼山索道，這條索道的起點距離大理古城最近，位在古城外的三月街附近，終點則是設在半山腰的中和寺，到達中和寺後可以下索道，步行遊覽著名的玉帶雲遊路。

　　中和寺因位在蒼山中和峰而得名，整個廟宇建在中和峰半山腰上，曾被清朝康熙皇帝賜匾「滇雲拱橋」，是大理著名的道教寺觀之一。中和峰是蒼山十九峰的中心山峰，東部正前方剛好是大理古城及洱海。由於特殊的地理位置，使它成為俯瞰蒼洱風光的最佳地點。

> **攻略**
>
> 　　每年農曆正月初九，道教祭祀玉皇大帝聖誕的「松花會」是中和寺最盛大的廟會，來自附近的朝山者絡繹不絕，會期持續 10 多天。

❸ 感通索道

　　感通索道是最南面的一條索道，長度與北面的蒼山索道相近，從山下的感通寺通到半山腰的清碧溪，清碧溪與蒼山索道終點的中和寺間，由玉帶雲遊路相連。

　　感通寺又稱蕩山寺，漫步在這裡，清新的空氣撲面而來，使人忘卻登攀的疲勞，從感通寺遠望，美麗的洱海一覽無餘，粼粼波光十分炫目。感通寺除了優美的自然風光外，還有諸多名人、名事、名花的遺蹟，以及許多生動感人的故事傳說。清碧溪是蒼山十八溪之一，位在蒼山馬龍峰與聖應峰間，溪水在山腰匯為上、中、下三潭，然後流下成溪，最後注入洱海。

> **攻略**
>
> 　1. 遊覽蒼山會收取人民幣 30 元的進山費，要事先備好零錢。
> 　2. 建議上下山乘坐不同索道，欣賞沿途不同的風景。
> 　3. 感通索道 3 公里處有個張家花園，是一處白族風格豪宅，裝飾上使用很多傳統和民族元素，門票人民幣 90 元（含歌舞表演），可以去看一下。

❹ 玉帶雲遊路

　　玉帶雲遊路是指蒼山半山上，由清碧溪到中和寺間的步行遊覽路線，因為這條路上經常雲霧繚繞而得名。整條路寬 2 公尺，長約 18 公里，是一條徒步者鍾愛的路線，是

觀賞蒼山美景的最佳途徑。

玉帶雲是蒼山的特殊景觀，在夏末秋初時節出現。每天早晨，一條很長的白色雲霧就像一條長帶子，飄繫在蒼山十九峰的山腰，久久不散，奇特景象讓人歎為觀止，當地民間傳說，這是一位偷偷下凡欣賞人間美景的仙女遺留在蒼山洱海間的飄帶。玉帶雲景觀的形成與當地的地理和氣候密切相關。洱海的溫暖水氣依著蒼山徐徐上升，當它與從高山頂緩緩下沉的寒氣在山腰相遇時，即凝結成雲，一旦氣壓平衡，就會出現玉帶雲的神奇現象。

攻略

1. 蒼山山間溫度較低，而且經常會有霧氣，最好準備一件厚點的外套，冬天上山要穿羽絨服裝。此外，蒼山上陰晴不定，遊覽時不要忘記帶雨具。
2. 如果想在山上過夜，蒼山山頂的電視塔可以住宿，人民幣 80 元／人，有電熱爐取暖。
3. 在蒼山上徒步旅行儘量不要脫離人行步道，否則易在山間迷路，以前就發生過此類事件，造成慘痛的後果。

網友按讚 👍　老夫子　整座山似乎被一條玉帶纏繞著，導遊說我們真有福氣，見到著名的玉帶雲，還講述了玉帶雲的典故。一路行去，太陽忽隱忽現，蒼山上的雲也變化多姿，有時淡如輕煙，有時濃如潑墨。

❺ 清碧溪

沿玉帶路繼續南行，4.5 公里可到清碧溪。景區又叫蒼山大峽谷，其主要看點是龍潭，潭水清澈碧綠，是從岩石縫裡冒出來的泉水。龍潭的旁邊有兩塊摩崖石刻，都是以前的求雨碑文。雨季時潭上的懸崖邊瀑布飛濺，十分壯觀。

旅遊小 Tips

儘量不要走離主景區步道偏遠的地方，蒼山山體雄厚，誤入深山會有危險。

 **攻略**

景區交通 遊遍景區好 easy

騎馬：騎馬上蒼山是不錯的體驗。馬匹的集散地在大理古城觀音街口，天龍八部影視城門口也有馬匹。租馬上山費用約為人民幣 100 元，騎馬主要有兩條路線，一條是沿著蒼山索道上行，一條是從天龍八部影視城出發，到達鳳眼洞岔路口附近。

徒步：上蒼山玉帶路的路徑很多，有許多人會從天龍八部影視城的西側登山，會經過門票收費站。石階路修得較好，約 1 小時可至玉帶路，由此北去中和寺還有 2 公里。

食宿 背包客推薦的住宿地

徒步玉帶路，沿線補給方便，不需帶太多食物和水。中和寺院內的廚房有幾位老奶奶可以做素齋。中和寺上面的四岔路口，有一家松隱居咖啡廳，供應簡單的飲品和三明治，但是淡季不一定開門。七龍女池有 2 家小吃店，就在玉帶路邊上。清碧溪景區裡有感通茶室，環境情景適合弈棋，在玉帶路往索道站方向的路口轉角。

景區內有幾家客棧可以住宿，如果想找點隱居山中的感覺，可以住在高地旅館（有陽臺的普通標準房間，人民幣 120 元起），條件簡單。從中和索道上去，往上走 15 分鐘（玉帶路的四岔路口往上走）即到。旅館只有 7 個房間，有公共的熱水淋浴，往來者以外國人居多。清靜的花園，有些位置可以俯瞰洱海，院子裡有個小小的仙人洞，相傳是過去修道者隱居的地方。

洱海

群山間的無瑕美玉

　　★流氓兔　洱海非常的遼闊，在船上遠眺，可以看見雲霧繚繞的蒼山，也可以看見遠處水天相接，濃墨重彩的湖面。天空雲朵的影子映在湖邊的山上，斑斑點點，似乎是一幅水墨畫。

　　★Claiire　洱海，一個令人神往的仙境，湛藍的海水，蔚藍的天空中，漂浮著一朵朵白雲。這裡沒有喧囂，沒有吵擾，只有平靜的身心和緩慢的步調。

門票和開放時間

　　門票（人民幣）：洱海公園免費，洱海遊船 142 元／人（含南詔風情島門票、洱海資源保護費和白族三道茶歌舞表演）；蝴蝶泉公園 60 元。**開放時間**：全天開放。

最佳旅遊時間

　　春天的洱海綠樹成蔭，水波粼粼，每年 4 月前後會有著名的蝴蝶會，是一年中最佳旅遊時節。

進入景區交通

　　位置：大理州大理市蒼山和大理壩子間。

　　交通：從大理古城去洱海很方便，步行可到，也可乘 2 路公車到碼頭（終點站），還可以搭計程車或乘馬車（事先與車主談好價錢）。在下關到洱海碼頭可乘 6 路車或計程車。另外，騎自行車也是不錯的選擇，可在古城內租車。

洱海是僅次於滇池的雲南第二大湖，也是大理風景區的主要風景資源，素以「高原明珠」著稱。從蒼山往下看，整個洱海湖面宛如一輪新月，靜靜的依臥在蒼山和大理壩子間。在風平浪靜的日子裡，洱海泛舟，清澈透明的海面給人一種寧靜而悠遠的感受。

綺麗的洱海景色主要被概括為「三島」、「四洲」、「五湖」、「九曲」。若換個

洱海示意圖

至江尾鄉
至麗江
上關
紅山廟
4 雙廊玉磯島
3 南詔風情島
蝴蝶泉
周城
5
本主廟
6 喜洲古鎮
洱海
至雞足山
挖色
2 小普陀
灣橋鄉
銀橋鄉
才村碼頭
文筆廟
天鏡閣
崇聖寺三塔
海東
中和寺
才村
天龍八部影視城
大理古城
金梭島
洗馬潭
七龍女池
清碧溪
感通寺
太和城遺址
1 洱海公園
大理
至保山
至昆明

角度看洱海，從南端的洱海公園和蒼山觀賞洱海，能將水景風光飽覽無餘。自高向下俯瞰時，洱海好似一彎新月臥於蒼山與大理壩子中，曾有文人提出「蒼山雪，洱海月，洱海月照蒼山雪」的詩句。

洱海還是白族祖先最主要的發祥地，這裡有濃郁的白族風情，是大理白族的主要聚居區。洱海的主要景觀包括湖中的小島、湖畔的白族村寨等。

> **故事**
>
> **洱海月的傳說**
>
> 傳說，天宮中有一位公主羨慕人間的美滿幸福生活，下凡到洱海邊上的一個漁村，與一位漁民成婚。公主為了幫助漁民們過豐衣足食的生活，就把自己的寶鏡沉入海底，把魚群照得一清二楚，好讓漁民們能打撈到更多的魚。後來，公主被自己的父親強行帶回家，而寶鏡在海底變成金月亮，放著光芒。天上明月亮黃，映入水中彷彿一個金雞蛋，這就是「洱海月」的奇景，至今仍然是大理的四大絕景之一。

❶ 洱海公園

洱海公園位在洱海南端的團山，是遊覽蒼山洱海風景區的第一站。團山在很早以前是洱海中的小島，四面環水，進出都得泛舟。由於這個特殊的地理位置和得天獨厚的自然條件，唐朝時期被南詔皇族開闢為養鹿場，後因水位逐年下降，周圍的水慢慢乾涸才形成今日的模樣。

團山由於風光綺麗，氣候宜人，深受人們喜愛。這裡遊客絡繹不絕，特別是節假日，人們蜂擁而至，熱鬧非凡。

> **攻略**
>
> 遊洱海可乘坐遊船，大的遊船上有觀景廳、歌舞廳、KTV 包廂、咖啡廳等設施，有「金花」、「阿鵬」的迎送賓儀式，遊程中還會舉行三道茶歌舞表演，讓廣大遊客在飽覽蒼洱風光的同時，還能享受到「禮儀之邦」的待客禮儀，領略白族獨特的民俗風情和歌舞藝術。

❷ 小普陀

小普陀是洱海東部的一個小島，位在下關至雙廊和蝴蝶泉的海面旅遊線上。島上建築始建於明代，遊船到達這裡，都要停靠海島，讓遊客登上小普陀，觀賞洱海風光。

在小普陀上觀看蒼山洱海，就彷彿置身在白首老者托起的銀盤中，心胸格外開闊。小普陀風景最美的時候是清晨，這時的洱海霧氣嫋嫋，小普陀時隱時現。

> **網友按讚** 👍　貓咪愛布丁　一個風光明媚的小島，上面的植物很茂盛，感覺像是幾十年沒有修剪過了，沿著石階和鬱鬱蔥蔥的林蔭道漫步，特別靜謐和舒適。

故事

小普陀的傳說

　　相傳觀音開闢大理壩子時，在這裡的海面上丟下一顆鎮海大印，以鎮風浪保護漁民，為紀念觀音的恩德，漁民們便在小島上建觀音閣，並把小島東部的一個漁村取名海印村，將小島叫做小普陀。

雙廊示意圖

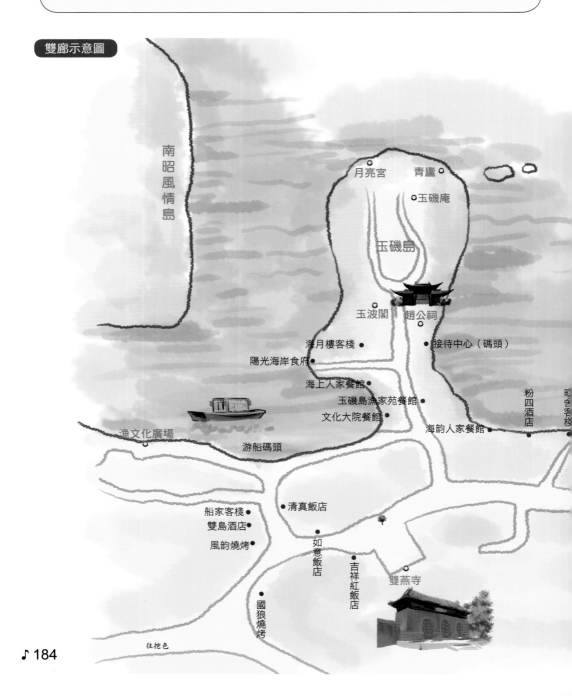

❸ 南詔風情島

南詔風情島位在小普陀島北面，雙廊附近。南詔風情島四面環水，島上風光旖旎，千年古榕樹枝繁葉茂，幽穴古洞盤曲交錯，島嶼四圍水清沙白，百里美景盡入眼底。

登上小島，首先映入眼簾的是一組巨大的石雕，叫做沙壹母群雕。相傳，南詔的祖先是一個名叫「沙壹」的女性，以捕魚為生，在捕魚的過程中，觸沉木而受孕，於是生下 10 個兒子。後來，哀牢山下又有一對夫婦生下 10 個女兒。兄弟們就各別娶了這些女子為妻，後代漸相滋長，繁衍至今。這個傳說被雕塑家賦予生命，刻繪得出神入化，栩栩如生。

> 網友
按讚
👍 | 我是肉包子　南詔風情島就像是陽光下的鑽石，天賦奇美，並經人工精細打磨，每一面都散發著不同的光華，可以從不同的角度欣賞到那些流動變幻的美景。

❹ 雙廊玉磯島

玉磯島是洱海三島之一，位在大理雙廊鎮。集蒼洱風光精華，有「蒼洱第一村」的美譽。站在玉磯島上，遠眺蒼山十九峰，近觀島嶼的秀麗景色，手捧洱海玉液清波，眼前是一幅壯美的自然美景。

玉磯島上，千年古漁村內的白族民居保存完好，而且家家流水，戶戶養花，極富民族漁家文化特色。島上有玉波閣、清末農民起義軍杜文秀水師兵營、趙氏宗祠、大理開國皇帝段思平之妻楊桂仙修行的玉磯庵、民族文化廣場、千年古榕樹等景點，還有現代著名舞蹈藝術家和青年畫家的別緻房屋。

滄海一栗客棧

白居咖啡

魁星閣

大街

往江尾

雙福酒店

集市廣場

❺ 周城

周城村是大理最大的白族村，周城的建築格局以四方街為中心，是周城很大的貿易集散市場，每年的火把節也在這裡舉行。

蝴蝶泉是周城村最著名的景點，是白族人民心中象徵愛情忠貞的地方，因歌舞電影《五朵金花》而聞名。每年農曆四月十五，蝴蝶泉邊會舉辦盛大的蝴蝶會，每當此時，成千上萬隻蝴蝶從四面八方飛來，在泉邊漫天飛舞，色彩繽紛，首尾相連鉤掛在樹上，是大理的一大奇觀。而來自各地的白族男女青年們，也聚集到這個象徵忠貞愛情的泉水邊，對歌唱懷，尋求真愛。

旅遊小 Tips

蝴蝶泉邊並非總是蝴蝶成群，通常在蝴蝶會舉行日才能觀賞到這個勝景，所以最好安排此時間來，以免失望而歸。

解說

據研究，造成這個景觀的原因在於，農曆三月到四月間，合歡花綻放，泉邊的合歡樹會散發出一種清香，蝴蝶被這種清香吸引，不遠千里，蜂擁而至。

故事

蝴蝶泉的美麗傳說

很久以前，有個叫雯姑的女孩，與父親共同在蝴蝶泉邊生活。長大後，她和獵人霞郎兩情相悅，墜入情網。然而，有個惡霸垂涎雯姑的美貌，設法要拆散兩人。最終，走投無路的雯姑和霞郎選擇一同跳入蝴蝶泉，化作一對雙宿雙飛的蝴蝶，那一天，便是農曆四月十五。此後，每年這一天，都有無數彩蝶在此飛聚。

❻ 喜洲古鎮

喜洲古鎮位在洱海西岸，雙廊和南詔風情島的對面。喜洲古鎮內的建築都為古色古香的白族傳統民居，是一個有著 1000 多年歷史的文化名鎮。

這裡是白族聚居地，保存有明清以來最多、最好的白族民居。白族民居的山牆以白灰粉刷，山尖呈三角形，其上用水墨繪上各種吉祥圖案，民居中最具民族特色的是三坊一照壁、四合院等組合式院落，如四方街的嚴家大院（門票人民幣 5 元）、古鎮東門附近的尹家院（免費參觀）等。

攻略

1. 節慶：喜洲的各種民俗節慶非常豐富，盛大的節日有本主盛會、蝴蝶會等。本主盛會在每年正月初二，這一天，男女老少紛紛穿上白族盛裝去朝拜本主，非常熱鬧。
2. 攝影：彩雲街、大界巷、染衣巷等處有不少古老建築，多為居民住宅，想拍照攝影的話，最好事先取得居民同意。

♪ 186

攻略

景區交通 遊遍景區好 easy

遊船：想暢遊洱海，理想的方式是前往下關北面的洱海碼頭乘坐遊船，船班通常在每天早上 8：30 出發，建議提前一天購票。

自行車：如果想欣賞洱海完整的美景，那麼騎自行車來一次環海旅行是不錯的選擇，環海公路長約 120 公里，可以用 2 天時間完成，如果想仔細欣賞沿途的村鎮，也可以安排 3 天的行程。

住宿 背包客推薦的住宿地

遊覽洱海，除了可以在大理古城住宿外，也可以選擇住在洱海邊，風景優美的村鎮裡，如喜洲鎮、周城村、雙廊鎮等。

大理芒果小屋客棧：這是位在喜洲古鎮洱海邊上的一個小院落，典型的白族民居，客棧庭院深深，芳草萋萋，大廳裡設有書房，挑選一本，在天臺上打發時間，十分愜意，客棧還備有自行車，房客可免費借用 2 小時。

地址：大理喜洲古鎮金圭寺村

雙廊芝麻開花客棧：客棧位在洱海湖岸，距離南詔島和雙廊古漁村僅 400 公尺。客房內配備有線電視和免費無線 Wi-Fi 網路，還設有花園、陽臺和酒吧等休閒設施。

地址：大理雙廊鎮玉磯島天生銀村 10 號（南詔風情島）

雙廊 63 號別院： 這間是雙廊最出名的客棧，位在洱海東岸，擁有 270 度環繞式海景房。木製觀海平臺、羅馬式拱廊充滿浪漫的異國情調。客棧提供自行車租賃服務，遊客們可以騎著單車遊雙廊小鎮，環洱海觀光，十分愜意。

地址：大理市雙廊鎮大建盤村 63 號

美食 老饕一族新發現

洱海盛產魚類，主要有弓魚、鯉魚等。弓魚體形不大，每條約 2 ～ 4 兩重，肉質嫩軟細膩，味道鮮美。在周城白族村蝴蝶泉景區對面有一家蒼洱飯店，裡面的魚料理烹飪得不錯，顧客可以自己到魚池旁選擇撈哪條魚。

如果去喜洲，不能錯過著名的喜洲粑粑。喜洲粑粑是喜洲有名的風味小吃，色香味俱佳，倍受人們的喜愛。在喜洲四方街附近有不少做粑粑的商店，可以買一些打包當作旅行中的零嘴。

石寶山
石窟藝術的瑰寶

★亮晶晶　石寶山的石窟很有名氣，文化內涵很豐富。走到石窟裡面有點冰涼，凝視石窟佛像時，巨大的震撼，讓我忍不住屏住呼吸。

★ 1186394919　石寶山被稱為「南天瑰寶」，是研究中國古代石刻藝術必去的地方，值得推薦！

門票和開放時間

門票：人民幣 50 元。**開放時間**：7：00 ～ 20：00。

最佳旅遊時間

遊石寶山的最佳時節是夏季，此時的山上環境清幽，非常舒適。每年的農曆七月末，石寶山還會舉辦一年一度的白族傳統歌會，盛況空前。

進入景區交通

位置：雲南省大理州劍川縣城西南面約 25 公里的沙溪鄉境內。

交通：1. 公共交通：在麗江或大理下關乘坐前往劍川的客車（大理市區客運站有開往劍川的旅遊專車，車票人民幣 30 元），然後再從劍川縣城或甸南鎮轉乘小型車到石寶山（車程約 45 分鐘）。

2. 包車：在甸南或沙溪可以找到前往石寶山的包車，往返價格在人民幣 120 ～ 150 元間，比較方便。

石寶山是大理風景區的重要組成部分，為丹霞地貌，山上球狀風化石形成的奇峰異石錯落有致，別具一格，石寶山也因此而得名。這裡林木茂盛，廟宇別致，景色獨特，尤其以石窟和摩崖造像而聞名，歷代遊客不絕。景區主要包括海雲居、寶相寺和石鐘山石窟等 3 個部分，其中以石鐘山石窟最為有名，這個石窟因山坡上有一塊形如大鐘的大石頭而得名。

❶ 海雲居

海雲居是進入石寶山的第一座佛教寺廟，位在石寶山山門左側的石傘山麓，掩藏在古柏蒼松中，煙雲繚繞，風光秀麗。清康熙大理府通判黃元治曾題聯讚美：「劍海開明鏡，雪山列畫屏。」海雲居整個建築坐西南朝東北，面對一碧如洗的劍湖，遙對麗江玉龍雪山，景觀位置得天獨厚。寺前建有一座雄偉的觀景臺，臺上有石桌和石凳，長著幾棵古老的柏樹，左側有石砌的兩座和尚墓。古柏清風，松蔭塔影，給遊客平添了幾分尋幽訪古的情趣。

> 網友
> 按讚
> 👍
>
> **雪狐安拉** 石寶山上全是整齊鋪就的石板路，即便沒有指引路牌，也知道前方一定有風景，令人越走越期待。
> **人生意義** 沿路上去，一邊是漫漫青山，松樹林立，另一邊可以俯視遠處的農田村莊，蜿蜒曲折間盡現風景，感覺非常自在。

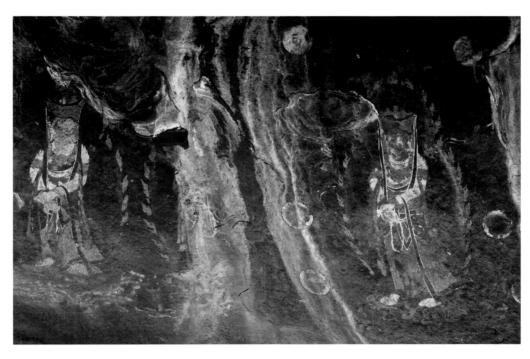

石寶山示意圖

蝙蝠洞

北山門

至劍川縣城

金頂寺

1 海雲居

九十九級臺階

▲ 石傘山

2 寶相寺

回頭望

杜鵑長廊

獅子關

3 石寶山石窟

南天福地

甲子寺

朝天笏

傻等箐石窟

南山門

至沙溪

♪ 190

❷ 寶相寺

石窟道觀寶相寺位在佛頂山上，是石寶山上最大的寺廟。寶相寺的特色是建在高聳險峻的懸崖上，被譽為「雲南的懸空寺」，彌勒殿與玉皇閣則凌空建造在深凹的崖窟內，鑿石抬樑，有欲墜不墜感，遊覽者需從左右攀岩扶壁才能到達。更絕的是，右側的石崖上還有一個瀑布，晶瑩的水珠打在黃色的琉璃瓦上散開，形成一片水霧，陽光下，不同角度會出現各色彩虹。

> 攻略
>
> 1. 寶相寺周邊的風光秀麗，招來野生猴群在此嬉戲繁衍，明代大旅行家徐霞客曾經到這裡遊覽，在遊記裡讚歎不已，所以一定不要錯過這裡的風景。
> 2. 每年秋季，會在這裡舉行石寶山歌，屆時，清靜的山野成為白族歡歌的海洋，寶相寺以它的奇峰、典閣、泉瀑、歌會等，編織成一幅動人的畫卷。

❸ 石寶山石窟

在石寶山眾多的文物古蹟中，以石窟和摩崖造像聲名最久遠。這些石窟分布在石寶山的石鐘寺、獅子關、沙登箐 3 處，而此 3 處石窟群中，又以石鐘寺的唐宋石窟群最負盛名，被金庸先生譽為「南天瑰寶」，人們也稱「北有敦煌，南有劍川」。

在 2 平方公里左右的石鐘寺、獅子關、沙登箐 3 個地區的岩壁上，分布著 17 個雕刻精細、形象生動、內容獨特、地方民族色彩濃郁的石窟。在眾多石雕中，有菩薩、帝王、外國高僧等造像，還有女性生殖器石雕「阿央白」。

石窟裡最著名的雕像要數「甘露觀音」和「阿央白」。「甘露觀音」又稱「東方維納斯」、「剖心觀音」，體態端莊，面容慈祥，面帶微笑，給人一種祥和安靜的感覺，雖然她的心已經掏出來了，但不論從什麼角度看，都像在微笑，可以看出，這尊觀音像是一個典型的白族婦女，但又有「衣帶當風」的唐宋遺韻。「阿央白」是一個貌似女性外陰的石刻，供於佛教蓮座上，女性生殖器出現在莊嚴神聖的佛教神窟裡，並能享受當地老百姓的頂禮膜拜，這個奇特現象引起國內外專家學者們的濃厚興趣和研究爭論。

> 旅遊小 Tips
>
> 由於閃光燈產生的光影會對石窟造像產生影響，因此景區規定不能對著石窟拍照。

石寶山歌會

　　每年農曆的七月二十六至八月初一是石寶山舉行歌會的盛大日子。歌會期間，白族姑娘們打扮得漂漂亮亮，一路上唱起悠揚舒展的白族歌；而白族少年們則在胸前掛一架別緻的龍頭三弦，彈響明快爽朗的三弦曲，歌聲弦音此起彼落，令人陶醉。

　　歌會的由來，有不少神奇的古老的傳說：石鐘寺旁如鐘的巨石，原來是一口金鐘，遠處飛來的惡龍口吐烈焰，把金鐘燒成石鐘，於是災難瀕臨白族山寨。以沙溪壩子裡，情侶阿石波和阿桂姐為首的十姐十妹十「夫甲」（老友），串聯千對歌手，雲集石寶山日夜對高賽歌。歌聲終於使惡龍魔法失靈，但兩人卻不幸累死在石寶山。為紀念他們，並防止惡龍再來作孽，人們每年都上山對歌，相延至今。

　　老年人認為，在歌會上唱白曲，可以得到吉祥，或是平日在家已向神靈許下心願，為保清吉平安，會期便一定要上石寶山唱上百十個調子，於是在歌會唱調子便成為還願的舉動；中年人借歌會抒發情懷，展現自己的歌才；青年男女則多數以歌為媒介，尋找知音伴侶。

　　傍晚時分，滿山遍野炊煙彌漫，人們用泉水煮香籮鍋飯，烹調出一道道豐盛可口的家鄉菜。素不相識的來客，只要彈弦開口唱，就被邀請共同用餐，閒話家常，處處洋溢著山野情趣。

　　夜幕垂降時，四面八方閃爍的火把和電筒光柱，像流星般在林中闖蕩。庵堂寺院裡，花枝樹叢間，矗岩巨石下，淙淙山泉邊，男女青年彈響錚錚龍頭弦，對唱悅耳花柳曲，用歌聲交流熾熱的情感，用調子讚美甘甜的生活，弦歌鼎沸，通宵達旦。夜晚盛大的篝火晚會上，還會進行熱鬧的歌舞活動。

 **攻略**

住宿 背包客推薦的住宿地

　　石寶山景區內建有石寶山賓館，距離景區大門不遠，是一棟 2 層小樓建築，大約有 20 多間客房，賓館標準客房的房價為人民幣 80 元，石寶山歌會期間房價會有不小幅度的上漲，而且此時不一定會有房間。海雲居和寶相寺也可以提供住宿，但是條件較簡陋，可依個人心意捐贈香火錢當作支付費用。

　　此外，因為石寶山距離沙溪古鎮非常近，遊客可在遊覽完畢後返回古鎮內住宿。

美食 老饕一族新發現

　　石寶山的寶相寺內有齋菜可以吃，菜色依節令提供。寶相寺的大停車場旁邊還有小餐廳，價格都不算貴。

行程推薦 智慧旅行勝導遊

　　石寶山石窟一日遊：海雲居—寶相寺—靈泉庵—金頂寺—對歌臺—石龍村—鐘山水庫—獅子關—石窟寺—沙登箐石窟。

193 ♪

沙溪古鎮
凝結的茶馬記憶

★骨頭小街 -Una　當我第一眼看到沙溪古鎮古老的四方街時，心裡為之一震！美，或許就是這麼純樸！一個安靜、古樸而又精緻的古鎮，完全可以用腳去丈量它的大小。

★一顆說走就走的心　雲南劍川沙溪古鎮民風淳樸，保存完好，如果想多留幾天，就一定要來這裡看看呢！

門票和開放時間

門票：人民幣 20 元。**開放時間**：全天。

最佳旅遊時間

沙溪古鎮是典型的江南水鄉，氣候宜人，無寒冬酷暑，四季景色各領風騷，但最好不要週末去，因為在滾滾人潮中，很難領略古鎮水鄉的寧靜秀美。

進入景區交通

位置：雲南省大理州劍川縣城西南，約 25 公里的沙溪鄉境內。

交通：在麗江或大理下關乘坐前往劍川的客車（大理市區客運站有開往劍川的旅遊專車，車票人民幣 30 元），然後再從劍川縣城或甸南鎮轉乘小型車，到沙溪古鎮下車即可（車程約 45 分鐘）。

沙溪是一個歷史悠久的小鎮，上可追溯到 2400 多年前的春秋戰國時期，是茶馬古道上重要的鹽都。隨著茶馬古道作用的消退，這裡也和眾多古鎮一樣，被文明社會所遺棄了。如今，安靜地位在石寶山的腳下，沒有嘈雜的人群聲浪，更沒有大理、麗江那樣繁花似錦的古城輝煌，這裡只是一個小小的四方街，卻是那麼的古樸、遙遠。

❶ 古戲臺

古戲臺是寺登四方街上最有特色的建築，與西面興教寺殿宇、寺門建築成一中軸線，將古四方街平分為南北兩半，畫定為各類生意經營範圍。古戲臺主體建築結構是魁星閣，戲臺只是其附帶功能，是當地白族人民敬奉魁星的地方，其建築高 3 個樓層，前戲臺，後高閣，建築結構精巧。

攻略

每逢民族節日，全鎮白族兒女各自身著節日盛裝，彈著龍頭三弦，齊聚四方街，在戲臺上載歌載舞，四方街上人頭湧動，興教寺裡善男信女敬拜神佛，一片歡樂吉祥，其中最為熱鬧的，當數每年農曆「二月八」太子會。

❷ 四方街

四方街是沙溪的靈魂與核心，是沙溪商貿交易的地方，被世界紀念性建築基金會專家們譽為「茶馬古道上唯一倖存的古市集」。

走過黑惠江畔的古石橋——玉津橋，沿著古道行走約 100 公尺，一個用土坯做成的寨門就出現在眼前，這就是被村民稱為「街子門」的東寨門，表示進入此門就是市集。古街上共有 3 個門——東寨門、南寨門、北寨門，西邊緊靠鼇峰山的無寨門。

經過寨門，一條狹窄、深長的古巷道悠然而來，巷道盡頭便是寺登的貿易中心——四方街。四方街似曲尺型，正街南北長約 300 公尺，東西寬約 100 公尺，整個街面用紅砂石板鋪築，街中心有兩棵數百年的古槐樹。四方街東面有坐東朝西的古戲臺，西面有坐西朝東的興教寺，兩者遙相呼應，將四方街平分為南北兩半，整個街場的四周各類商店林立，3 條古巷道延伸到古鎮的四面八方。

解說

歷史上，寺登四方街被稱為「南塘」，明朝後期，因興教寺而出名，才叫寺登四方街。寺，指興教寺；登是白族語，意思是地方，位在興教寺旁邊，呈四方形的街子，這就是寺登四方街的名稱由來。

沙溪古鎮示意圖

攻略

沙溪古鎮要做的六件事

　　漫步古街紅砂石板，登上古戲臺；看一看四方街鋪面和馬店，走一走黑惠江上玉津橋；到興教寺感受各種流派佛教合而為一的寺廟；聽一聽沙溪洞經古樂，體會古老民族的古音樂的韻味；看一次白族傳統的霸王鞭，跳一曲白族的傳統舞蹈，聽沙溪姑娘唱一曲白族調；吃沙溪土特產，如地參子、松茸、羊乳餅等。

❸ 興教寺

　　興教寺與古戲臺遙相回應，寺廟的大門口一左一右分列著哼哈二將，袒胸露乳，怒目圓睜。由此入內，沿中軸線，自西向東依次有門樓、過廳、二殿和大殿，構成 3 座院落，大殿與二殿的木製材料是明代的原物，式樣早於同時期的中原建築，細節的做法又帶有明顯的地方特色，斗拱拱間板、雀替^註多雕刻著卷草紋樣，線條流暢粗獷。

攻略

　　興教寺大殿楣頭繪製有 20 多幅大型壁畫，其中的《太子遊苑圖》等，生動描繪古南詔國、大理國的宮廷生活，彌補這部分在史書中缺少記載的內容，對大理、南詔古國感興趣的朋友不妨前去看看。

註　雀替：東亞傳統建築中的特殊構件，指放在樑枋下與立柱相交的短木。

❹ 歐陽大院

古鎮上有以興教寺古建築為中心，歐陽大院、趙家大院、趙氏家宅、楊家大院等為代表的白族傳統建築群，這些大院多為趕馬發跡的馬幫首領所搭蓋的宅院（兼做馬店）。其中歐陽大院最具有特色，為三坊一照壁的白族傳統院落，分別有大門、二門、正房、耳房、小花園、小戲臺、廚房，還有附屬馬房。雖建蓋已有 100 多年，但古貌依舊，引人入勝。

❺ 本主廟

沙溪居民多為白族，而白族人最主要的信仰是本主宗教和阿吒力教。本主宗教是白族獨有的一種原始宗教信仰，有白族人居住的地方就會有一個本主廟。要找到沙溪人精神的寄託，可以到鎮東的本主廟裡走一回。

本主廟前建有戲臺，本主廟內除供奉本主外，還供奉其夫人、子女和侍從等，他們的像是用松柏雕成，造型古樸生動，富有地方特色。除了本主，整個廟裡最醒目的就是穿著蟒袍玉帶、戴束髮紫金冠的「太子」像，「太子」是釋迦牟尼還未成佛時的稱呼。

> 攻略
>
> 每年的本主誕辰，這裡都要舉行盛大的本主會，時間 1～3 天不等。本主會期間要舉行迎本主的儀式，開展唱戲、耍牛、唱白曲等豐富多彩的娛樂活動。屆時，還在家中宴請親朋好友。

> 連結
>
> #### 沙溪古鎮「太子會」
>
> 每年農曆二月初八是沙溪鎮最盛大的節日「太子會」，是人們為紀念釋迦牟尼出家而舉辦，當地人會在四方街舉行遊行活動，整個活動大約持續半個月。
>
> 其中最熱鬧的活動是「太子遊四門」，善男信女們把本主廟的「太子」和「佛母」的神像抱到馬背上，由人扶著，另有人籠住馬的咬口，走在遊行隊伍的最前面；後邊跟著的是耍獅、舞龍、唱歌跳舞的隊伍和參與遊行的群眾。還有人把自己的小孩打扮成「太子」模樣，跟在太子及佛母像的後方，沾點福氣。
>
> 這一天，沙溪人會一大早起來，把門前掃得乾乾淨淨，接著點燃長香豎在大門兩邊，恭候太子像的到來。等到神像路過門前，便鞭炮齊鳴，祈求添財增福、事事如意。

 **攻略**

　　沙溪古鎮目前已有不少客棧，大多是由當地傳統民居改造而成，環境都還不錯。假日去的話最好提前預訂，從價格上來說，靠近東寨門的近水樓臺客棧，CP 值相對較高，另外，沙溪目前已有一家青年旅舍。

　　進水樓臺客棧：是一間有 60 多年歷史的傳統白族庭院，最特別處是瀾滄江支流黑惠江繞屋後而過，在後門可看到潺潺溪水，江邊垂柳依依，早晨看朝霞，傍晚觀夕陽。中央有座庭院，種滿樹木和花草，晚上可以在院裡仰頭看滿天繁星，是休閒、放鬆的好地方。提供標準客房和普通客房，有免費無線 Wi-Fi 網路，24 小時供應熱水。另外還有棋牌室、茶水間和酒吧。

　　位置：寺登街 50 號東寨門旁

　　電話：0872-4721488

　　茶馬之家：客棧原本是本地居民的家，沒有過分的商業裝飾，只是將院中北廂房的雙層樓改造成為客棧。這裡最讓人難忘的便是自家烹調的美食，白族人接待朋友的「八大碗」，不但葷素搭配，營養豐富，而且色香味俱全。

　　位置：寺登街 133 號 入鎮路 200 處

　　電話：13987283388

梅花開在三家巷客棧：客棧內有個大中庭，花木繁多，是乘涼休息的好去處。客房乾淨舒適，陳設簡單，寬敞明亮，古色古香。老闆的手藝很巧，擅長做紙梅花，客棧內有許多以紙梅花製作的裝飾品。房型可分為大床房、家庭房和普通房，價格在人民幣 50 ～ 150 元間。

位置：寺登街 62 號

電話：13987252164，0872-4722171

老馬店客棧：由當地居民經營的民宿，一磚一木都有歷史味道，雖然房屋的外表老舊，但內部裝潢得很有品味，住起來舒適，還有茶樓、餐廳和酒吧，可說是沙溪的「豪華客棧」，價格也是全鎮最貴的。工作人員很熱情，可提供旅遊諮詢和代訂票券服務。

位置：寺登街四方街北側

電話：0872-4722666

沙溪文化中心客棧：建築物的外觀古老，但內部設施充滿現代化，有一大一小共兩座庭院，擁有 4 間雙人客房、2 間三人房，設有接待室和會議室，既是旅館，也是沙溪的文化中心，2 樓有時候會舉辦文化活動。標準房間約人民幣 180 元，可供應電熱毯，非常貼心。

位置：沙溪古鎮北古宗巷 85 號

美食 老饕一族新發現

沙溪的餐食由客棧兼營，約人民幣 20 ～ 30 元。地參、松茸是沙溪的土特產，值得品嚐。

地參：吃起來清爽脆嫩，可炒食、蒸煮、做湯、做醬菜等，尤其香酥油炸地參風味最獨特，脆香無比，堪稱菜中一絕。

松茸：松茸富含粗蛋白、粗脂肪、粗纖維和維生素等元素，味道鮮美，還具有益腸胃、理氣化痰、驅蟲等功效。

羊乳餅：大理州北部的劍川、鶴慶一帶是白族人的聚居區，白族農家長期以來喜歡飼養奶山羊，以新鮮的羊奶作為原料，用紗布濾去雜質，再按一定比例，在羊奶中加進滷水或者是一種名叫奶藤的野生植物，然後用火加熱至沸騰，使之凝結成絮狀物，再用紗布包住進行擠壓，濾去酸水，即成一塊塊四方形乳白色的乳餅。因其乳白色的外觀看起來很像豆腐，所以又叫奶豆腐。

自助遊一本就GO!
麗江深度遊最強地圖導航書

編　　　著	愛旅遊編輯部	
責任編輯	王淑燕	
校　　　對	周俶萍	
封面設計	健呈電腦排版股份有限公司	
內頁排版	健呈電腦排版股份有限公司	
法律顧問	朱應翔 律師	
	滙利國際商務法律事務所	
	臺北市敦化南路二段76號6樓之1	
	電話：886-2-2700-7560	
法律顧問	徐立信 律師	

出 版 者　新文創文化事業有限公司
　　　　　地址：235 新北市中和區建康路150號3樓
　　　　　電話：886-2-2226-3070
　　　　　傳真：886-2-2226-0198
　　　　　E-mail：newknowledge2013@gmail.com

總 經 銷　易可數位行銷股份有限公司
　　　　　地址：231新北市新店區寶橋路235巷6弄3號5樓
　　　　　電話：886-2- 8911-0825
　　　　　傳真：886-2- 8911-0801

香　　港　和平圖書有限公司
總 經 銷　地址：香港柴灣嘉業街12號百樂門大廈17樓
　　　　　電話：852-2804-6687
　　　　　傳真：852-2804-6409

本版發行　2017年4月
定　　價　依封面定價為準

國家圖書館出版品預行編目(CIP)資料

自助遊一本就GO!麗江深度遊最強地圖導航書/
愛旅遊編輯部編著. -- 初版. -- 新北市：新文創
文化, 2017.04
　面；　公分
　　　　ISBN 978-986-93979-6-4(平裝)

1.自助旅遊 2.雲南省麗江市

673.59/440.6　　　　　　　106002617

168閱讀網
www.168books.com.tw